池田大作と創価学会

カリスマ亡き後の巨大宗教のゆくえ

小川寛大

文春新書

1450

はじめに

２０２３年11月15日、創価学会名誉会長の池田大作が、老衰のため95歳で死去した。

創価学会は公称会員（信者）数８２７万世帯を誇る、日本最大の新宗教団体である。その事実上の政治部門として公明党という政党も存在しており、同党は現在自民党と連立を組む、政権与党の一角だ。その意味で、創価学会とは単なる一宗教団体の枠を超え、現在の日本という国のあり方にも大きな影響をおよぼしている組織である。

池田大作は、そうした巨大宗教団体に長年にわたって絶対的カリスマ、指導者として君臨し続けてきた人物で、会員たちからはまさに生き仏、神様のごとく崇拝されてきた存在だった。そして池田は、確たる自分の後継者といったものをつくらないまま、世を去った。

そうなると、政府・自民党との関係も含め、今後の創価学会という巨大組織はどうなっていくのか。広く世間からそういう関心が集まるのは当然の流れだろう。実際に池田の死後、各種のメディアやインターネット上などで、「今後の創価学会はこうなる」などといった憶測、見通しを語る人々が多々現れている。その中には、「今後の創価学会内では大きなクーデターが起こり、組織はバラバラに分裂する」とか、「カリスマを失って創価学会、公明党は崩壊の道をたどり、日本の政界は大混乱に陥る」といった、物騒な見解も散見される。結論から言うと、そうしたことは起こらないというのが筆者の見立てである。ただ、それくらい巨大な存在として認知されていたのが、池田大作という人物だったのだろう。

筆者は宗教界の専門雑誌『宗教問題』の編集長をしている。仕事として、創価学会や公明党の動向を日々、チェックし続けてきた。本書はそうした立場の筆者が、池田大作という人物の死を一つの基点とし、池田および創価学会のこれまでとこれからについて解説し、また思うところをつづったものである。

池田大作および彼に率いられた創価学会という団体が、戦後日本の宗教史上、特筆すべき存在だったことについては疑う余地がない。池田は1928年、東京の貧しい家庭に生まれ、特に高い学歴や社会的地位を得ることもないまま、終戦直後の、まだかなり小規模だった時代の創価学会に入った。だが、その創価学会のなかで池田は、抜群の人間力や組織マネージャーとしての才能を開花させ、1960年に32歳の若さで創価学会会長に就任すると、現在の会員数827万世帯という巨大組織に、創価学会を発展させていった。

池田は間違いなく〝宗教団体の指導者〟だったわけであるが、多くの日本の新宗教のトップに付随するような、「神秘的な超能力を持っていて、それで信者の病気を治した」などといったエピソードは、ほとんど持っていない。彼はまさに創価学会の布教現場で地べたを這うような活動を徹底して展開し、「貧乏人と病人の集まり」とも呼ばれた、社会的弱者の多かった創価学会員の末端の個々人と直に触れ合いながら、巨大にして強固なコミュニティを戦後の日本につくり上げた、非常にパワフルな男だった。

もちろん、創価学会が急拡大する過程においては、その独善的で強引な布教活動などがしばしば社会問題化し、世間に「創価学会は暴力的な集団だ」というマイナスイメージが浸透することにもなった。

また、公明党は池田の指導によって１９６４年に設立された創価学会の事実上の政治部門であるが、宗教団体が自前の政党を擁し、現在では連立与党の一角にも食い込んでいる実態は、「政教分離といった観点からどうなのか」といった懸念を、常に社会のなかに生じさせてもきた。

創価学会はなぜ、ほかの日本の宗教団体に比しても過激な布教活動を活発に行い、また政界進出をも目指したのか。その理由は彼らが「一閻浮提《いちえんぶだい》広宣流布《こうせんるふ》、王仏冥合《おうぶつみょうごう》、国立戒壇建立」という、いわば政教一致体制の確立のようなことを目指して動いてきた宗教団体だったからである。創価学会および公明党の巨大化は、彼らの活動の根底にある思想に対する強烈な嫌悪感を、社会のなかに生んでいくことにもつながった。特に公明党が結成された直後の1960年代後半は、社会における創価学会バッシングの波が最高潮に達した時期でもあった。そして1970年、池田はそういうバッシングにいわば屈する形で、創価学会および公明党の方針を大きく転換する。以後は国際平和への貢献、社会福祉の充実を目指す、一種のリベラル系運動団体のような形に創価学会、公明党を変え、特に過激な宗教思想のようなものは、ほとんど前面に出さないようになった。

創価学会にはもともと日蓮正宗という上部団体が存在した。富士山周辺に根を張ってきた、日蓮系仏教のなかでもかなり特殊かつ過激な一派で、創価学会の目指していた政教一致的路線も、そもそもは日蓮正宗の教義からの影響である。だが、創価学会がその宗教性を希薄化させていった過程で、必然的に日蓮正宗は池田への不信感を強めていく。結果として両者は決裂し、1991年に日蓮正宗は創価学会を破門するに至る。とはいえ、すでに創価学会は日蓮正宗的な宗教精神というよりも、「偉大な池田大作先生」のカリスマ性によって率いられる集団と化していた。破門による弱体化などの影響はあまりなく、創価学会はますます〝池田教〟的な色彩を強めながら進んでいくことになる。

そして、池田大作本人は、2010年以降、公の場にまったく姿を現さなくなった。もちろん、当時の池田は82歳であり、高齢からくる心身の不調の結果だったのだろう。その後、創価学会現会長の原田稔らは集団指導体制の構築に猛スピードで進んでいき、結局この池田という稀代のカリスマは以後十数年にわたり、世間一般はもとより、自らの弟子である創価学会員たちにさえ何の肉声も発しないまま、2023年11月の死を迎えた。

池田の晩年、創価学会は実質的にポスト池田体制の構築を完了させていたと言える。池田大作という人間が死去したことは、直接的に創価学会の組織に大きな影響はもたらさないと考えていい。実際に全国の創価学会員たちの動きを見ても、池田の死によって彼らが激しい動揺に襲われているような事実は確認できない。ゆえに「創価学会はすぐ崩壊する」といった、池田の死後に出てきた一部の意見も、基本的にはまともに受け取るようなものではない。

しかし、それは「今後とも創価学会は盤石であり、何の問題もなく、ますます伸びていく」ということを意味しない。そもそも池田が公の場から姿を消した2010年前後から、創価学会は明らかに組織的な退潮を迎えている。公明党の得票数がどんどん落ちていることはその象徴であり、また創価学会員全体が高齢化し、若い新規会員が非常に少なくなっているとの指摘も相次いでいる。創価学会とは結局、池田大作という巨大なカリスマによって率いられてきた団体である。池田を失った今、教団としての新たな中心軸をどこに求めればいいのか、組織としてははっきりした答えを出せているようには見えない。

また、日蓮正宗との決別以降、創価学会という宗教の教義的なバックボーンがどこにあるのかという問題は、あやふやなまま放置されているきらいがある。そうした点も〝偉大な指導者〟たる池田を欠いた状態で、再構築が可能なものなのか。

前述の通り、池田大作の死によって、すぐに創価学会という組織が破綻に追い込まれるような展開にはならない。しかし、池田の死が、もともと斜陽の傾向にあった創価学会という組織の課題、問題点を、より明確に照らし出しているとは感じられる。

創価学会とは日本最大の新宗教団体であり、池田大作という人物も、毀誉褒貶はありながらも、戦後日本の宗教史上において間違いなく特筆すべき、巨大な存在だった。その池田の死から見えてくるもの、そして学べるものとはいったい何なのか。本書は、そういう観点から分析した一冊である。

池田大作と創価学会　カリスマ亡き後の巨大宗教のゆくえ　目次

第1章　静かに去りぬ「永遠の師匠」

腐敗しなかった遺体「偉大な戸田先生の伝説」

1958年4月2日に58歳で病没した創価学会第2代会長・戸田城聖《じょうせい》――後に3代会長となる池田大作の師である――の遺体は、特に何らかの処置を施したわけでもないのに死後1週間、まったく腐敗しなかったという。茶毘《だび》（火葬）に付されたのは4月8日のことだったが、そのとき「棺の中の戸田の顔は微笑み、輝いているように見えた」と、創価学会側のいわばプロパガンダ本である池田大作著『人間革命』第12巻「寂光」の章は記している。

本当にそんなことがあったのかどうかは、わからない。ただ創価学会のなかで、「戸田先生の遺体は腐敗しなかった」「その死相はどこまでも安らかで、笑っているかのようだった」という〝伝説〟が語り継がれてきたのは、事実である。

創価学会は1930年、小学校の教師などをしていた牧口常三郎という人物によって、東京で設立された宗教団体だ。設立当初は「創価教育学会」と名乗っていて、日蓮正宗という日蓮系仏教を信仰していた牧口が、その宗教理論と教育学を折衷させ、教員仲間と独自の教育理論を話し合っていたような集まりだった。すなわち創価学会はまず、日蓮正宗という既存の宗教団体の信者組織という形で出発したのだが、現在の創価学会とはいささか趣が異なる団体だった。

ただ、この牧口が説いた宗教理論として注目されるものに、「法罰論」という概念があった。何かの宗教を信じれば、その信者にはいいこと、すなわち功徳がもたらされるというのは、創価学会に限らず、この世にある、ほぼすべての宗教団体が主張することではある。しかし牧口はその一方で、日蓮正宗の教えを信じず、またその教義内容を批判するような人間には、罰が当たるということも主張した。これを「法罰論」という。

かつて創価学会が大々的な折伏《しゃくぶく》（布教）運動を展開した際、現場の会員（信者）たちはしばしば、「創価学会に入れば、あなたは幸せになる」といったこと以上に、「創価学会に入会しないと、あなたは不幸になる」といったロジックを用いた。これが勧誘を受けた人々にはまるで脅迫のようにも感じられたことから、創価学会の折伏運動は一般的に評判が悪かった。しかし、そのような創価学会員たちの発言の根底には、この牧口の法罰論があったわけなのである。

創価学会に入会しないと、あなたは不幸になる、おかしな病気にかかる、ロクな死に方をしない……。こういったことは、創価学会の折伏の現場で実によく使われたフレーズだった。となると、その創価学会のトップだった戸田城聖が、〝おかしな死に方〟をするはずはない。だからこそ、戸田の遺体が死後1週間にわたって腐敗しなかったなどという、科学的にはにわかに受け入れがたい話も、「偉大な戸田先生の伝説」として信じられてきたのだろう。そうした歴史的背景のせいか、創価学会の、特に古参会員になると、ある人が亡くなった時に「死因は何だったのか」「死相はどのような感じだったのか」などということについて、割と気にする人もいる。

あっさりとしたカリスマの死

さて、その戸田の弟子で1960年から創価学会第3代会長を務め、1979年からは同会名誉会長の座にあった池田大作は、2023年11月15日に、95歳で死去した。

しかし筆者が本書を執筆している2024年1月現在において、池田がその最晩年、どのような生活を送っていたのか、特にその死去前後の様子がどのようなものだったのかについて、『聖教新聞』をはじめとする創価学会の関係機関紙類は、特に詳しく報じていない。死因についても、「15日夜半、老衰のため、東京・新宿区内の居宅で霊山《りょうぜん》へ旅立たれた」（『聖教新聞』11月19日付）とされており、例えばガンだったとか、心臓病だったとか、何か具体的な病を患っての死去だったとはされていない。

　そもそも池田の死去が公表されたのは、11月18日の午後のことだった。それまで世間一般はもとより、創価学会内でもごく一部の最高幹部を除き、池田死去の情報は共有されていなかった。実は11月18日とは創価学会の創立記念日とされている日で、当日の『聖教新聞』を見ても、お祝いムード一色だ。18日の午後に創価学会側が発表したところによると、池田の葬儀は近親者のみを集めた「家族葬」として、すでに11月17日に行っており、18日の午前には、その遺体を火葬したのだという。

　創価学会第2代会長・戸田城聖は、1958年の3月中旬ごろから体調を崩し、日蓮正宗総本山・大石寺《たいせきじ》（静岡県富士宮市）内で床に臥せるようになった。4月1日になって東京の日大病院に入院し、すでに述べたように翌2日、58歳の生涯を閉じた。死因は急性心衰弱だったと、創価学会として当時発表している。3月中旬から4月2日の死去までには、当時の学会幹部などが戸田のもとを見舞いに訪れており、その死の床で池田大作と語らったなどといった逸話が、いろいろと残されている。そして前述のように、戸田の遺体は1週間を経ても腐敗することなく、棺は創価学会員たちに担がれて火葬場まで送られ、またその死に顔について「戸田の顔は微笑み、輝いているように見えた」と、語り継がれているのである。

それに比べると、池田大作の葬送は、ずいぶん淡泊なものだったと言わざるをえない。何しろその葬儀は近親者のみで、〝ひっそり〟と言ってもいい形で行われ、一般会員層も含め、世間の多くが池田の死を知ったとき、その遺体はすでに火葬されていた。

創価学会としての池田の葬儀「創価学会葬」は２０２３年11月23日、東京都豊島区の創価学会・東京戸田記念講堂で執り行われたが、直接の参列が許されたのは幹部層のみで、多くの会員は、それぞれの地区の会館で中継映像を見る形となった。１９５８年４月８日に行われた戸田城聖の告別式には12万人が、同20日に行われた創価学会葬には25万人が参列したというのだから、単に規模という面から見て、池田の葬送は戸田のものより小さかった印象が強い。また、池田の創価学会葬について報じた２０２３年11月24日付の『聖教新聞』によれば、会場の祭壇には「池田先生の遺影」が映されていたとあるだけで、遺骨がその場にあったという記述もない。

２０２３年11月15日に、池田大作という一人の人間が、その生涯を閉じたことは事実である。しかし、その葬送において、池田大作という人物の〝生身〟は、ほとんど意識されることはなかった。最晩年はどういう暮らしをしていたのか、具体的にどういう状況で亡くなったのか、火葬に至るまでの経緯はどのようなものだったのか……そのような細かい情報は、2024年1月現在、ほとんど明らかになっていない。もちろん今後、時間が経つにつれて、創価学会として徐々にそうした逸話を公開し、新たな池田の伝説がつむがれていく可能性は大いにあろう。しかし、〝死に様〟を、その信仰のあり方からも重視する宗教団体のカリスマの死にしては、何かとてもあっさりとしたものを感じざるをえない。それが池田の訃報、および葬送についての情報に接しながら、筆者が持った偽らざる感想だった。

ただ、それも仕方なかったのかもしれない。何しろ池田は死に至るまでの十数年、どのような心身の状態にあり、どこで何をしているのか、そのような具体的情報がほとんど存在していなかったからだ。

「私を頼るのではなく、君たちが全責任をもって、やる時代」

2010年6月3日のことである。この日行われた創価学会の本部幹部会（創価学会の最高幹部たちが集まって行う会合）において、いつもなら顔を出す池田の欠席が伝えられ、創価学会会長の原田稔が「昨夜、本日の本部幹部会について、池田先生から指導がありました」と切り出し、池田からのメッセージであるという、こんな文書を読み上げた。

明日の本部幹部会については、弟子の君たちが、団結して、しっかりやりなさい。皆が、創価学会のすべての責任を担って戦う時が来ているのである。学会の将来にとって、今が一番大事な時である。ゆえに、私を頼るのではなく、君たちが全責任をもって、やる時代である。私は、これからも君たちを見守っているから、安心して、総力を挙げて広宣流布（引用者注・社会全体への布教）を推進しなさい。

（『聖教新聞』２０１０年６月４日付）

その後、同年11月に東京都内で行われたアメリカの大学からの博士号授与式に出席したのを最後に、池田は公の場から一切姿を消してしまう。まさに、２０１０年６月の本部幹部会で読み上げられた池田からのメッセージこそは、彼の事実上の〝引退宣言〟であった。

それからも、例えば『聖教新聞』などには、「最近の池田先生のお姿」といった写真が何度か載ることはあった。ただし、池田はもともとでっぷりした体格の人物だったのだが、明らかに体形はやせていっており、またサングラスをかけて写真に納まるなど、詳しい表情がよくわからないものも増えていった。遂にはその写真は近影ならぬ遠影のごとく、遠くから写したものとなっていき、もはや本当に本人なのかもよく判別できないものと化していく。

もっとも〝引退宣言〟を行った2010年6月時点で、池田は82歳の高齢者であり、心身の調子が悪いことは事実だったのだろう。その後、「池田大作はいま何をしているのか」といった憶測報道も多々出回ったが、それらは脳梗塞、認知症など、脳関係の障害だとするものが多かった。それらが裏付けのあるものだったかどうかはわからないが、〝引退〟後の池田が表に出られない状態にあったことはうかがえる。

筆者が創価学会関係者らに取材したところによれば、池田はそれでも2015年ごろまでは、折に触れて一部の最高幹部らに自らの意思を伝えることもあったようである。しかし、それ以降は完全な引退状態となり、「池田名誉会長はすでに実務にはノータッチ」と、あけすけに語る幹部なども増えていく。そして確かに、それと調子を合わせるように、創価学会は組織として、さまざまな改革を行っていくことになるのである。

神格化される「永遠の師匠」

まず特筆すべきは、2015年11月17日に発表された、「勤行要典」の改訂である。「勤行要典」とは、創価学会員が日々唱えるお経の内容について記した文書だが、そこに「三代会長への報恩感謝」として、以下のような文言が定められたのだ。

創価学会初代会長　牧口常三郎先生、第二代会長　戸田城聖先生、第三代会長　池田大作先生を広宣流布の永遠の師匠と仰ぎ、その死身弘法の御徳に報恩感謝申し上げます。

つまり池田大作を「永遠の師匠」と定め、彼に対して日々、感謝の念を述べよと言っているのである。

1930年に創立された創価学会の会長職は、1930〜1944年までが初代・牧口常三郎、1951〜1958年までが2代・戸田城聖、1960〜1979年までが3代・池田大作、1979〜1981年までが4代・北条浩、1981〜2006年までが5代・秋谷栄之助、そして2006年から現在に至るまでが6代・原田稔という形で継承されてきた。ただし、カリスマ的宗教指導者としての「会長」は3代の池田で終わり、4代・北条以降の「創価学会会長」とは、単に組織の事務的な管理者に過ぎないと、もっぱら言われてきた。

事実として、池田大作は1979年に創価学会会長職を退き、「名誉会長」になりながらも、その後も名実ともに創価学会を独裁的に切り盛りしていた。4代会長就任から2年少しで心筋梗塞にて世を去った北条の後釜となり、まさに〝池田院政〟真っ最中の時期に会長を務めた秋谷などは、一般の会員たちからすら、あけすけに「雇われマダム」と嘲笑的に呼ばれていたほどだ。

ゆえに牧口、戸田、池田の「三代会長」は、昔から創価学会内でも別格的指導者という位置付けで尊敬されており、2015年以前の「勤行要典」でも「広布（布教）の指導者」と称えられてはいた。しかし、そこから「永遠の師匠」と、いわばさらに踏み込んだ〝神格化〟が図られたのである。

これには、一部の創価学会員からも違和感の声が上がっていて、筆者が当時取材したある会員は、「私は池田名誉会長のことを間違いなく尊敬しているが、牧口先生、戸田先生と並べて『永遠の師匠』などと呼ぶのは、まるで池田名誉会長がお亡くなりになっているかのようだ」と語っていた。ただし、そういう声も創価学会全体のなかでは大きくならず、この辺りから〝生ける池田の神格化〟は急速に進んでいく。

「主任副会長」が選任された意味とは?

なお2015年には、創価学会内に「主任副会長」というポストが新設されたことも特筆すべきことがらである。

「創価学会の副会長」というと、一般には大変な権力者のように聞こえるかもしれない。しかし、実は創価学会内で「副会長」の肩書を持つ人は200人以上もおり、実質的には名誉称号のおもむきが強い。それら副会長の大半は、創価学会の組織拡大などに尽力した功労者らを表彰するかのように就けるものなのである。また、東京・信濃町の創価学会本部に詰めているわけではなく、日々、創価学会の組織運営に深く関与しているわけでもない。そもそも池田が存命で、かつ健康だった時代の創価学会とは、池田の独裁的なリーダーシップによって運営されていた団体で、ナンバー2など必要とされていなかった。

しかし、2015年にその副会長のなかから、創価学会の組織運営により深く関与させる、名実ともに最高幹部たる「主任副会長」が選任されるようになる。現在、原田稔の後任会長候補の最右翼と噂される谷川佳樹や、『聖教新聞』の代表理事を務める萩本直樹などが、この主任副会長である。つまり、池田の〝引退〟を踏まえて、創価学会は池田独裁体制からその組織運営スタイルを、徐々に変化させ始めたのだ。

続けて重要なのが、2017年9月1日に新たに制定された、創価学会の「会憲」である。ここでも第3条で「初代会長牧口常三郎先生、第二代会長戸田城聖先生、第三代会長池田大作先生の『三代会長』は、広宣流布実現への死身弘法《ししんぐほう》の体現者であり、この会の広宣流布の永遠の師匠である」と、あらためて牧口、戸田、池田までの会長は、それ以降の会長とは別格的存在なのだということが明確化された。

さらにこの会憲の第3条2項では、「『三代会長』の敬称は、『先生』とする」とも定めている。それまでも創価学会の会員たちが、池田を「先生」と呼ぶことはごく普通にあったのだが、それはあくまで敬意や好意に基づく自然な呼び方で、何か明文化された規則などではなかった（それまでの池田の正式な呼称はあくまで「名誉会長」だった）。それを会憲、すなわち組織の最高法規として、池田を「先生」と呼ぶと、明確化、明文化したわけである。これも池田を、生前からより神格化していこうとする姿勢の表れだった。

創価学会仏

また、この会憲のなかでもうひとつ特筆すべきは、「創価学会仏」なる概念を、創価学会が持ち出してきたことである。会憲の前文は、以下のようにうたう。

初代会長牧口常三郎先生と不二の弟子である第二代会長戸田城聖先生は、1930年11月18日に創価学会を創立された。創価学会は、大聖人の御遺命である世界広宣流布を唯一実現しゆく仏意仏勅の正統な教団である。日蓮大聖人の曠大なる慈悲を体し、末法の娑婆世界において大法を弘通しているのは創価学会しかない。ゆえに戸田先生は、未来の経典に「創価学会仏」と記されるであろうと断言されたのである。

この「創価学会仏」という言葉は、会憲制定の前年である2016年11月5日付の『聖教新聞』で報じられた会則改正の記事内に出てくるものなのだが、ありていに言えば創価学会という教団それ自体を、その構成員（会員）たちまで含めて、組織丸ごとで〝仏〟と位置づける、という考え方である。

右に引用した会憲前文の文章にあるように、「創価学会仏」なる言葉は2代会長・戸田城聖が生前に使っていた言葉だそうで、過去の創価学会関係機関紙類にも、一応何度か登場してきたフレーズではあるらしい。しかし、創価学会のなかでメジャーな形で流通していた言葉とはいいがたく、「いったい『創価学会仏』とは何なのか」と困惑の声をあげる会員も、この当時実際にいた。

創価学会も含まれる大乗仏教において、人間は誰しも「仏性」、すなわち仏になる資質を備えているとされている。だからこそ修行を重ね、悟りを得て仏になろうというのが、仏教という宗教の眼目だ。しかし、果たして「宗教法人創価学会」という〝法人格〟に仏性があるのかどうか。そのようなことをまともに研究した学者がいるといった話も聞かない。このとき創価学会が持ち出してきた「創価学会仏」というフレーズについては、「いったいこれは何なのか」と、会の内外を問わず一時議論になっていたほどだった。

ともあれ、末端の会員に至るまで組織丸ごとが仏であると位置づけた、「創価学会仏」という概念の提唱は、少なくとも「たった一人の独裁的カリスマに組織運営を任せていればそれでいい」という姿勢からの転換を感じさせるものであったことは確かだ。

連載『新・人間革命』の終了

２０１８年９月８日には、１９９３年11月18日から続いてきた、池田の自伝小説にして代表的著作『新・人間革命』の、『聖教新聞』紙上での連載が終了した。これも創価学会の内外に、「池田大作の時代の終わり」を感じさせる出来事だった。

池田にはこの『新・人間革命』をはじめとした、膨大な量の著作がある。常識的に考えて、とても一人の人間が書けるようなものではなく、「池田大作の著作類は、ゴーストライターが書いている」との世評は、彼が元気だった時代からささやかれていた。よって、『新・人間革命』は、実際には誰が書いていたのか」という疑問に、本書として踏み込むことはしない。問題としたいのは、「なぜ『新・人間革命』は２０１８年で終わったのか」ということである。

池田は『新・人間革命』の連載を開始するにあたって、「完結までに（引用者注・単行本にして）三十巻を予定している」（『新・人間革命』第1巻）と語っている。その言葉に照らせば、２０１８年ごろまでに書かれていた分量から考えて、同作はそろそろ終わってもいい頃合ではあった。ただ結局、『新・人間革命』は最終巻たる第30巻を上・下編構成という形にして完結した。創価学会は『新・人間革命』について「全30巻である」と公式発表しているが、実際は31巻である。そういう意味では、池田の語った当初の構成計画は崩れていた。また、『新・人間革命』の最終場面は、２００１年11月12日に行われた創価学会の本部幹部会だった。池田が公の場から姿を消すのは２０１０年のことであるから、まだ10年分ほど書き続ける題材はそろっていた。

創価学会問題を追及し続けてきたジャーナリストの乙骨正生は、当時発売された週刊誌に、こんなコメントを寄せている。

連載は２００１年頃の様子を書いて終わりましたが、本来なら執筆者とされる池田氏の息が絶えるまで書き続けるべきもの。それを途中で止めるのは、おかしな話です。（中略）事実上、池田氏がいなくても学会は動かせるという〝ポスト池田体制〟が、名実ともに完成した帰結が、連載終了に他なりません。

（『週刊新潮』２０１８年９月27日号）

これは確かに一理ある見方だ。その後、創価学会はますます、池田なくしても動いていける形を整えていった。このころになると、「創価学会はすでに、原田稔会長を中心とした集団指導体制に移行している」といった表現が、各種のメディアに載るようにもなる。

「最も模範的な創価学会員」原田稔会長

では、原田稔とは何者か。原田は1941年、東京都生まれで、東京大学経済学部を卒業している。1953年に創価学会に入会し、以後、同学生部長、青年部長、副会長、副理事長などを経て、2006年に創価学会第6代会長に就任した。

原田は、「田原薫」という名前で、『新・人間革命』にもたびたび登場する。初登場は第6巻、その名も「若鷲」の章だ。

その時、前から二列目にいた、メガネをかけた生真面目そうな受講生と、仲一（引用者注・『新・人間革命』内で、池田は「山本伸一」という名前で登場する）の目があった。田原薫という、東大の経済学部の学生である。

伸一は、今度は、彼を例にあげて語っていった。

「また、ここに、田原君という人間がいる。彼はこうして講義を聴いていることもあれば、電車に乗ったり、食事をしたり、眠ったりすることもある。あるいは、苦しみ、怒り、悲しみ、喜びもする。

ところが、何をしていても、同じ田原君という人間である。そこには彼を彼ならしめている統合性、いわば法がある。これが不変真如《しんにょ》の理《り》です。そして、さまざまな彼の生命活動は、随縁真如の智になる。

この不変真如の理と随縁真如の智は、いっさいのものに、ともに具わっているというのが、生命の実相であり、それを『随縁不変・一念寂照』と言われているのです。この妙法の原理に則り、英知を輝かせ、人類の幸福と平和を築くことが、私たちの使命です」

原田と同世代の、古参学会員などに話を聞くと、「原田さんは謹厳実直を絵に描いたような人で、非常にまじめ」との評が多い。ゴシップめいた話などほとんど聞かず、「最も模範的な創価学会員」と褒める人もいた。池田も原田のそういう性格や優秀さを愛した。池田は若き日の原田の頭にコブがあったのを指し、「原田のコブは、知恵が出っ張ってできたものだ」といったジョークまで、会員たちの前で語ることがあったという。ちなみにそのコブは後年、原田が創価学会の特命で中国に派遣された際、池田に「中国へはコブを取っていきなさい」と言われ、手術して切除したという。そうしたエピソードさえ、原田の池田への敬愛の念を示すものとして、会員たちの間では語り継がれている。

“ポスト池田体制”を着実に構築

なお、創価学会には創価学会インタナショナル（ＳＧＩ）という海外布教のための組織がある（１９７５年設立）。池田は創価学会本体の会長職こそ１９７９年に退いたものの、ＳＧＩの会長職は死ぬまで誰にも渡さなかった。それほど、池田にとってＳＧＩは重要な部門であったわけだが、このＳＧＩの誕生にも、原田は関わっていると『新・人間革命』は書く。池田はＳＧＩ設立の前に、すでにＩＢＬ（国際仏教者連盟）という国際組織を立ち上げていたのだが、それに飽き足らず、さらなる創価学会の世界展開を池田に訴えたのが、原田だというのだ。

『新・人間革命』の記述に戻ろう。

伸一は、ＩＢＬとは別に、国際機構を発足させることについて、同行の幹部にも意見を求めた。

国際センターの事務総長である田原薫は、強く主張した。

「IBLは、どちらかといえば、各国のメンバーが互いに連携を取り、支え合い、スクラムを組むための国際機構といえます。それも、大事ではあると思いますが、今、最も必要としているのは、学会の精神を学ぶことができる機構です。いわば、信心の充電器ともいうべき組織です。まさに創価学会の国際機構です。

その意味から、今回、ぜひ創価学会インタナショナルを発足させ、山本先生に指揮を執っていただきたいと思います。それが、世界各国のメンバーの願いであり、要望です」

田原は、各国・地域の法人やメンバーの支援にあたり、さまざまな声を聞いてきた。

SGIの結成は、その結論であった。

伸一は熟慮を重ね、アメリカのマリブ研修所での懇談の折、自分の考えを田原に告げた。

「私が創価学会インタナショナルの会長として指揮を執ることについては、最終的には世界平和会議の参加者に諮《はか》って決めよう。もし、みんなが賛成であれば、創価学会インタナショナルの会長となります」

その言葉を聞くと、田原は叫ぶように言った。

「先生、ありがとうございます！」

（『新・人間革命』第21巻「ＳＧＩ」の章）

この記述から考えれば、ＳＧＩという組織を設立したのは事実上、原田稔だということになる。

すでに述べたように、創価学会の第4代以降の会長は、単なる事務上の組織管理者という性格が強く、宗教的な指導者、カリスマの色は持たない。実際に現在、創価学会の一般会員に「原田会長をどう思うか」と聞いてみても、「尊敬している」「彼のためなら何でもできる」などといった回答は、まず返ってこない。しかし、優秀な事務官僚、能吏であるという評判はかなり高い。実際に原田は、池田が姿を現さないなかでさまざまな手を尽くし、創価学会の〝ポスト池田体制〟を着実に構築してきた。

2016年9月22日、原田は『朝日新聞』の紙面に登場し、同紙記者のインタビューに答えている。彼が外部メディアに出てその見解を語った、珍しい機会のひとつである。もっとも、やりとりの大半は公明党の動きに関するものを中心とした、当たり障りのないような内容なのだが、創価学会として「国内にとどまらず『世界宗教』を目指す」と語ったり、また公明党から総理大臣が出る可能性について問われ、「それはそれでいいのではありませんか」と答えたりするなど、堂々とした自信ものぞかせる。

また、『聖教新聞』などの創価学会の機関紙類には、池田大作の〝引退〟後もしばしば、「池田先生からのメッセージ」なるものが掲載され続けていた事実がある。例えば創価学会の組織としての記念日や、新しい会館が建った時などの際に、「おめでとう！」「負けるな！」などの激励の言葉が、珍しくなく発せられていた。また、その時々の政治・国際情勢に合わせたような、池田の「提言」といった論文的なものが発表されてもいた。

もちろん、これらも『新・人間革命』が池田の引退後も延々と連載されていたのと同じく、ゴーストライター的な存在が書いていたのではないかということは、会の内外で公然とささやかれていた。また、率直に言って当たり障りのない内容のものが多く、よくも悪くも創価学会や一般社会のあり方に大きな影響を与えなかった。

しかし、こうしたメッセージ類を発することで、創価学会として「今でも池田先生はご健在で、折々にご意見も出しておられる」という体裁を整えていたのは事実で、これは一定程度、組織引き締めの役には立っていただろう。そういう形でうまくポスト池田の体制をつくり、整えていたのが、能吏・原田稔だったのである。

陰謀論「池田大作死亡説」

このような流れのなかで、池田大作は創価学会内で〝神格化〟される一方、世間における存在感はどんどん薄くなっていった。

ある意味では当然でもあったのだろうが、その結果、世間にはこれまでしばしば、「池田大作死亡説」が流れた。つまり、「池田大作はもうすでに死んでいるのだが、それを公表すると組織の統制が取れなくなるので、創価学会本部はそのことを隠蔽している」という、一種の陰謀論である。基本的に、創価学会に批判的なスタンスをとる人々がよく口にしていたものであった。筆者は、創価学会員でありながらこうした〝死亡説〟を信じていた人にも会ったことがある。それくらい、池田大作の存在感は、近年、極めて薄いものとなっていた。

しかし2023年11月の訃報により、そうした陰謀論も文字通り一掃された。

「武田信玄じゃあるまいし……」

ここであらためて、池田大作の死去と、その訃報の伝わり方について振り返ってみよう。

2023年11月19日付『聖教新聞』の記事によれば、池田が東京都新宿区内の居宅で老衰にて死去したのは、「15日夜半」のことだったという。17日に近親者のみによる家族葬が行われ、18日午前に火葬。同日午後に死去が公表された。池田の長男である創価学会主任副会長・池田博正は同日、創価学会公式ホームページで発表した談話において、「尚、本日まで、このことの公表を控えておりましたが、創立記念日の諸行事、なかんずく学園の行事を予定通り行ってもらいたいとの、家族の意向からです。父も、きっと、その通りだと言ってくれていると思います」と語っている。

当初、池田の死の発表が創価学会の創立記念日（11月18日）だったことから、「学会の重要な記念日に訃報をぶつけたことで、池田のさらなる神格化が図られた」などとするインターネット上の書き込みも見られたが、あまり意味のない、うがちすぎた見方だと思う。

そもそも今の日本では、人の死亡確認は医師にしかできず、死亡診断書の偽造は刑事罰に問われる犯罪である。ゆえに病院以外の場所で死んだ人の場合、その確認は当然遅れる。

また医療機関外での死については、事件性がなかったのかを調べるため、警察がやってくる場合もある。さらに日本では墓埋法（墓地、埋葬等に関する法律）の定めにより、遺体は死後24時間を経過しないと火葬してはならない。加えて近年、政治家や芸能人など有名人の葬儀は、「ファンや関係者に殺到されても遺族が困惑する」などという理由で、ひとまず近親者のみで行い、後日あらためて「お別れの会」などを設定するという流れが一般的になっている。

そう考えると、「11月15日に死去して、17日に家族葬、18日にその情報が公表された」という池田の訃報の流れ方は、極めて自然かつスムーズである。特に裏事情などはなく、神格化うんぬんの陰謀論はもとより、池田博正の言った、「創立記念日の諸行事、なかんずく学園の行事を予定通り行ってもらいたい」といった配慮さえ、後付けではないかとも感じられる。

実は池田の生前、世の中にしばしば流れる「池田大作死亡説」について、複数の創価学会幹部にその感想を聞いたことがあるのだが、彼らは一様にうんざりした表情を浮かべながら、以下のようなことを語ったものだった。

「いまの日本で人の死を隠しておくなんて不可能。また、池田先生の死去をもし外部のマスコミにスクープされるようなことがあれば、創価学会は組織として赤っ恥をかくことになる。武田信玄じゃあるまいし、現代社会で、人の死を隠して何かいいことがあるんですか。池田先生がお亡くなりになったら、すぐ正式に発表します」

結果としては、まさにその通りだったという印象である。

だが、他の宗教団体では必ずしもそうはならない。例えば２０２３年３月２日に幸福の科学総裁・大川隆法が死去した際、幸福の科学教団はマスコミの事実確認に対して「大川総裁の現在の状況についてはコメントを差し控える」と繰り返し、信者へは大川の「復活祈願」を呼びかけていた。また２０２０年12月５日に死去したＰＬ教団３代目教主・御木《みき》貴日止《たかひと》のケースでは、教団ホームページに長く彼の死去の報は載らず、いつまでも教主在任中のような形で人物紹介がなされていた。

こうした他教団と比べれば、創価学会は池田の死をむしろ潔《いさぎよ》すぎるほどにあっさり認め、あけすけに世間一般へ公表したことになる。

静かに死を悼む

池田の死が明らかになって以降、筆者はさまざまな創価学会員たちを訪ね、このカリスマの死をうけて何を思うのか、聞いて歩いた。基本的に彼らは、意外なほど落ち着いていた。もちろん、偉大なカリスマの死に「残念だ」「悲しい」といった思いを漏らす人たちばかりだったが、それ以上のこと、例えば絶叫調に泣きわめくといった激しい言動をとる人は、結局いなかった。

「そりゃ、ご年齢がご年齢でしたからね。多くの創価学会員は『その日は近いだろう』と覚悟をしていたと思います。それでついに〝その日〟が来た。私としては静かに池田先生の死を受け止めたいと思うだけです」

ある70代の学会員はそう言い、続けて「今はただただ、悲しいですね」と、しんみりした調子で語った。そして多くの学会員は、彼と同じような感じで、静かにカリスマの死を悼んでいた。ただそれはある意味において、2023年時点でそれほど池田大作という人物は多くの創価学会員から遠い存在になってしまっていたということなのだ。

池田が公の場から姿を消して以降、創価学会の幹部らに「池田名誉会長はいま、どこで何をしているんですか」といったことを問うと、彼らは具体的な情報は何も話さないまま「お元気ですよ」と判で押したように答えるというのが、ひとつのパターンだった。しかし2010年代後半ごろからは、「もう池田先生は組織運営にはノータッチ。お世話はご家族の方々がされていて、組織として創価学会が日常的に連絡をとっているわけでもない」などと語る向きが増えてきた。そして創価学会の〝ポスト池田体制〟は、ますます強固に形づくられていった。

機能しすぎた〝集団指導体制〟

池田の死が明らかになって以降、一部のメディアやネット上では「カリスマを失った創価学会はこれから崩壊していく」といった論も散見されるが、基本的に、そういうことはないと思う。なぜならすでに見てきたように、創価学会はかなり以前から〝ポスト池田体制〟に移行しているからである。池田は近年、具体的に創価学会の組織運営にタッチしていた形跡が見られない。逆に言えば、池田がいなくとも、組織は回るようになっているからである。

同時に、「池田の後継者はどうなるのか」といった議論も意味がない。すでに創価学会は、牧口常三郎、戸田城聖、そして池田大作という「三代会長」を「永遠の師匠」と位置づけて神格化し、その権威による運営、すなわち生身のカリスマを必要としない形で運営する体制を整えている。おまけに今や「創価学会仏」と言って、組織全体を〝仏様〟にしてしまっているのが現在の学会である。一部メディアなどには、池田の長男・池田博正が今後、創価学会のトップとなるという世襲説も躍っているが、そもそも創価学会は世襲制で運営されてきた宗教団体ではない。池田がカリスマたりえたのは、本人が抜群の実力を示し続けたからにほかならない。創価学会で、「誰それの息子である」といった血縁は、あまり意味を持たない。

ましてや「創価学会はこれから権力争いによって分裂する」などといった話は、何をかいわんやだ。よかれ悪しかれ、池田大作時代の創価学会とは、池田個人のカリスマで持っていた団体で、ナンバー2もいなかった。池田の引退後にあたふたと「主任副会長」などのポストができたことがその象徴だ。現会長の原田は確かに能吏だが、宗教的カリスマではなく、彼の鶴の一声で全国の一般信者を動員できるほどの実力を有する存在でもない。宗教団体に限らず、組織が分裂する際には、その別れゆく組織の核となる存在が必要なわけであるが、そのようなタイプの実力者が、今の創価学会には存在しない。

気になるのはむしろ、近年の原田らの〝集団指導体制〟が機能しすぎていたことだ。それゆえに、創価学会内における池田の実質的な存在感が極めて低くなってしまい、「われらの教祖様は、死に際してこのような神々しいお姿を示された」などといった、宗教団体であれば通常よく行う〝死に様の美化〟が、池田の死後すぐに展開されていない（できない?）。そういう意味でも、すでに〝ポスト池田体制〟は、できすぎるほどにできあがってしまっているのだ。

ただし筆者は、「創価学会は池田大作亡き後も安泰である」と言っているわけではない。むしろ創価学会そのものは、ここ十数年にわたって長期的な組織力低下が隠せなくなっている状況だ。実際にその政治部門・公明党が各種の選挙で集める票数の減少などに、如実にその影響は見えてもいる。また、池田の引退後に手堅く組織をまとめた原田稔も、池田死去時点で82歳という高齢なのだが、この原田を継げる次の能吏の姿も、今の学会内部には見当たらない。「実は本当に心配なのは『ポスト池田』より『ポスト原田』だ」と危惧する学会関係者もいるくらいだ。

けれども一方で、現在の日本では創価学会に限らず、ほぼすべての宗教団体（伝統教団、新宗教を問わず）がその組織基盤の瓦解に苦しんでおり、これを改善させる明るい材料のようなものは、社会のなかにほとんど見出すことができない。池田大作という、毀誉褒貶はあれど戦後の日本宗教史のなかで間違いなく特筆すべき存在だったこの巨人の死は、創価学会の、いや下手をすれば日本のすべての宗教団体のそうした低落傾向に、拍車をかけていく可能性がある。

池田大作とはいったい何だったのか。そして、彼の死は令和日本の宗教界において、果たしてどのような意味を持つものなのか。それを引き続いて、語っていくこととしよう。

第2章　ポピュリズムを先取りした「庶民の味方」

下層階級の救済を願った日蓮

1974年2月16日のことだそうである。鎌倉時代の僧侶・日蓮が自らの宗派として日蓮宗を立ち上げた地である清澄寺《せいちょうじ》（千葉県鴨川市）を訪れた当時の創価学会会長・池田大作は、境内にある「千年杉」と呼ばれる古木を前にして、出し抜けに「なつかしいなあ」との声を上げたのだという。

これは1990年に出版された『崩壊する池田創価学会　似非宗教家に明日はない』（継命新聞社編著、日新報道）に書かれているエピソードである。これをもって同書は池田を、日蓮の生まれ変わりを自称するような、不遜な虚言家、俗物であるというふうに批判している。

もちろん、これは創価学会を批判する目的で書かれた本に載っているエピソードであるため、そのまま受け取っていい話なのかどうかはわからない。しかし、元公明党衆議院議員の矢野絢也《じゅんや》——彼もまた1993年の政界引退後、創価学会批判を展開することになる人物である——が2009年に出版した『私が愛した池田大作　「虚飾の王」との五〇年』（講談社）によると、矢野自身はこの池田の「なつかしいなあ」発言を直に見聞きしたわけではないものの、発言の直後からこの話は創価学会や公明党内部では話題になっており、「やっぱりそうか」「すごーい」という形で、敬意と好意をもって受け止められていたのだという。

すでに見たように、創価学会はもともと日蓮正宗という宗教団体の信者組織として、1930年に発足した団体である。その日蓮正宗という宗教は、いわゆる鎌倉新仏教の担い手の一人だった日蓮を祖とする。

鎌倉新仏教とは一般に、それ以前の日本にあった仏教と比べて、「衆生済度《しゅじょうさいど》」、すなわち一般民衆を救済するという意識が強かったと解説されることが多い。一方、それ以前の日本仏教——例えば比叡山の天台宗や高野山の真言宗など——は、基本的には鎮護国家、つまり仏教の力で日本という国を守るための祈禱などを行う教団だった。当然、それら教団は政治権力と密接に関係していて、その寺々は事実上の国家機関でさえあった。鎌倉新仏教の始祖たちはそうした〝旧仏教〟の姿勢に飽き足らず、民衆のなかに分け入って直接向き合い、貧しく弱い人々に救いの道を示す活動に邁進したというわけだ。

ここで興味深いのは、そうした鎌倉新仏教の始祖たちのほとんどは、上流階級の出身だったことである。例えば浄土宗の開祖・法然は美作国《みまさかのくに》（現在の岡山県）を拠点とした地方豪族・漆間《うるま》家の出身で、曹洞宗の開祖・道元と浄土真宗の開祖・親鸞は、それぞれ久我家、日野家という、京都の貴族の家柄に生まれた人物だった。もちろん、鎌倉時代においては「僧侶である」ということそれ自体が、一種の知識階級、上流階級だったことも事実だ（こうしたことから、「上流階級出身だから民衆の心がわからない」などというのも、結局はためにするような批判でしかないだろう）。ただそんななかにおいて、日蓮とは異色の人物ではあった。

日蓮は日本国・東夷・東条・安房の国・海辺の旃陀羅《せんだら》が子なり

日蓮は自身で書いた「佐渡御勘気抄《さどごかんきしょう》」のなかで、自らの出自についてそう述べている。この「旃陀羅」が具体的に何を指す言葉なのかは様々な議論があるものの、インドではサンスクリット語で被差別民を指すとされている。日蓮が言わんとしていることは解釈によって違ってくるが、少なくとも、「決して上流階級の生まれではない」と記していることだけは確実だ。

もっとも、日蓮の行動やその教養レベルから察すれば、実際はある程度の社会的地位にあった家に生まれた可能性が高いことを、現在多くの歴史家が指摘している。しかし、それでも日蓮が「自分は下層階級の出身だと自称していた宗教者だった」のは事実である。そしてその立場から、彼は自分の教え、すなわち日蓮宗の力でもって、世の中を救わんと活動した僧侶だったといえる。

「貧乏の横綱」の家に生まれて

そんな日蓮を、池田大作は仰いだ。

池田大作は1928年1月2日、東京府荏原《えばら》郡（現・東京都大田区）で、海苔製造業を営む家に生まれた。生家は貧しく、池田は後年さまざまな著作などで、自分の母親が、「うちは貧乏の横綱だ」などと話していたと記している。

池田は結果として95歳もの長寿をまっとうしたが、子供時代から丈夫なほうではなく、「青少年時代の私の脳裏から、人間の生死の問題がいつも去ることがなかったのは、やはり一貫して健康にすぐれなかったことと関係している」（『私の履歴書』聖教新聞社）と振り返り、また同時に「（小学校での）成績は中位であり、いたって平凡な少年であった。特徴らしいものはなにもなかった」（同前）とも書いている。

終戦後に進学した東洋商業学校（現・東洋高等学校）は夜間部で、つまり昼間は働かないといけない経済状態に、当時の池田はあった。その東洋商業を卒業した後の1948年、池田は大世学院（現・東京富士大学短期大学部）の、これも夜間部に入学したが、ほどなくして休学している（後の1967年に論文を提出して卒業資格を得た）。

いわゆる歴史上の偉人には、「小さいころから神童ぶりを発揮し……」などといったエピソードがよく付きまとうものだが、幼き日の池田大作に、そのような風貌は何もなかった。そして池田はそういう青少年時代の自分について、特に隠すこともなく、いろいろなところに書き残している。

例えば池田大作著『私の提言』に収録されている、池田が中学生に向けて講演した内容から引用すると、こうだ。

私は、きわめて平凡な人間です。政治家でもなければ、実業家でもありません。ただの庶民の一人です。子供のころから、そうでした。小学校でも、中学校でも、とくに優秀だなどといわれたことは、一度もありません。そんな、なんのとりえもない私が、前途有望な、中学生のみなさんに参考になるようなことは、いえる道理がありません。

（中略）

私が、皆さんとおなじ年齢であったころは、日本がアメリカやイギリスに宣戦を布告し、第二次世界大戦がはじまった時代でした。（中略）

それでも、はじめのうちは、まだ、いちおう必要なものだけは手にはいりましたが、戦争は、しだいに日本にとって不利になり、それこそ、本も、ノートも、鉛筆も、簡単には手にはいらなくなってしまいました。いまから思うと、私の少年時代は、一番、めぐまれなかったころだったといえるようです。

獄死した初代会長

ところで、1930年に設立された創価学会は、太平洋戦争を経て、終戦直後の日本社会のなかでどのような状況にあったのか。

戦前の日本、すなわち大日本帝国には、「国家神道」という、事実上の国教が存在した。ただこれは、大正時代や昭和初期ごろまでは、皇室行事をはじめとした国家儀礼に神社神道の体裁を利用するためのものといった側面が強く、日本国民の日常生活を具体的に縛る

牧口常三郎（創価学会HPより）

ようなものではなかった。しかし、太平洋戦争の時代ともなると、社会を覆った軍国主義的な空気のなかで、国家神道は暴走を始める。その象徴的な現象の一つが、全国民に伊勢神宮の神札をまつるよう、求めたことだった。

これはクリスチャンや当時の新宗教の信者らにも求められ、強いて拒否すれば警察の取り締まり対象になった。もっとも実際のところ、伊勢神宮の神札を強いて拒否するような宗教者は当時の日本にあまりいなかった。しかし、その数少ないなかに牧口常三郎がいた。創価学会初代会長である。

牧口は1871年、柏崎県刈羽郡荒浜村（現・新潟県柏崎市）に生まれている。北海道尋常師範学校（現・北海道教育大学）を卒業して小学校の教師などをしていた、戦前の社会では高学歴層に分類していいインテリだった。そういう人間によくある〝自分探し〟とでもいうのだろうか、牧口は、若き日、座禅に傾倒したり、キリスト教会に通ったり、また古神道のみそぎに凝ったりと、さまざまな宗教団体を訪ね歩いていたと、1935年に出した『創価教育学体系梗概』のなかで述懐している。牧口が日蓮の教えに惹かれたのは、戦前の日本社会で大変な影響力を持っていた日蓮主義者・田中智学の影響で、日蓮正宗に入信したのは１９２８年のことである。この流れからみると、牧口の日蓮正宗入信とは、インテリの自分探しのなかで、たまたま起こったことだったのだろう。

牧口は１９３０年11月18日、『創価教育学体系』を出版する。現在ではこの日が、創価学会の創立記念日とされている。しかし、同書は基本的には「教育学を語る本」であって、「宗教的な本」というおもむきはあまりない書物である。おまけにこの本には、クリスチャンの教育学者として知られる新渡戸稲造が、「序」として推薦文を書いている。牧口個人が日蓮正宗をかなり深く信仰していたことは事実だろうと思われるが、その彼が立ち上げた当初の「創価教育学会」とは、基本的には「過激な宗教団体」というよりも、「たまたま日蓮正宗の信者だった人物（牧口）がつくった、教育学者たちの集まり」という性格のほうが、強かったのではないだろうか（もっとも牧口も、後には宗教的な話を説くようにはなるのだが）。

そんな牧口が、伊勢神宮の神札を祀ることを強硬に拒否したことにより、治安維持法違反ならびに不敬罪の容疑で検挙された。牧口のなかでは、日蓮正宗の信者として生きること、伊勢神宮の神札を祀ることは、決して両立しない大問題であった。

実はこのとき、ほかならぬ日蓮正宗教団は政府に屈し、伊勢神宮の神札を受け取っている。そうしたなかでも、牧口は頑として神札を受け付けなかった。これは彼の宗教的信念がゆえの行動である。たまに「この牧口先生の行動は、軍国主義に抗した平和思想の表れであった」などと語る創価学会関係者がいるが、そういう政治的な話ではないのである。

そして牧口は、終戦前の1944年11月18日に東京拘置所内の病監で死すという壮絶な最期を迎えることとなった。享年73。

豪放磊落な実業家

終戦後、そうした組織の再建に挑んだのが、牧口の弟子で、自身も師とともに牢に入っていた、戸田城聖だった。まさしくゼロからの再出発である。

戸田は1900年、石川県に生まれ、その後は北海道で育った。長じて小学校の教員を務め、その縁から牧口常三郎が創設した創価教育学会に参画した。ただし戸田は、〝謹厳な教育学者〟とでも言うべき人物だった牧口とは、かなり性格の異なる男だった。言ってみれば戸田は、〝豪放磊落《らいらく》な実業家〟といったタイプの人物で、牧口の創価教育学会を経済面で支えていた存在だった。

そして、そんな戸田・創価学会の門をたたいたのが、青年・池田大作だったのだ。

1947年8月14日、知人に「仏教や哲学のいい話がある」と誘われ、池田は創価学会の会合に足を運ぶ。そして、そこで戸田と初めて会ったときの記憶を、彼は著書『私の履歴書』で、こう書いている。

> この日（昭和二十二年八月十四日）、この運命の師と会ったことが、私の生涯を方向づけることになったのであるが、そのときは知るべくもなかった。ただ、初対面ながらも不思議に親しみの情がわき上がってくるのを禁じえなかった。講義と質問への応答が一段落すると、戸田先生は微笑しながら「いくつになったね」と尋ねられた。仁丹をかみ、たばこをふかしておられた。十九歳ということを耳にして、ご自身も故郷の北海道から東京へ初めて上京したときもそんな年ごろだった、と懐かしげに語られる。
>
> 私は、「教えていただきたいことがあるのですが……」と質問をした。「正しい人生とは」「本当の愛国者とは」「天皇をどう考えるか」、この三点であった。直截簡明《ちょくせつかんめい》な、しかも誠実な答えが返ってきた。少しの迷いもなく、理論をもてあそぶようなこともない。

戸田城聖

「これだ！」と思った。この人の言っていることは本当だ！　私は、この人なら信じられる、と思った。いっさいのもののあまりにも急激な変化のためであろう、何も信じられない、といったような心とともに、しかし、何かを探し求めていたのである。（中略）

さらに、話を聞くと、この戸田先生という人物は、戦時中、あの無謀な戦争に反対し、軍部独裁の国家権力の弾圧にもかかわらず毅然として節《せつ》を曲げずに、昭和十八年（一九四三年）、治安維持法違反ならびに不敬罪の容疑で検挙され、投獄されながらも己の信念を貫き通したというではないか。これは決定的な要素であった。二年間の獄中生活に耐え、軍国主義思想と戦った人物には、信念に生きる人間の崇高さと輝きがある。極論すれば、当時の私にとっては「戦争に反対して獄にはいったか否か」ということが、その人間を信用するかしないかを判断する大きな尺度になっていたといっても過言ではない。

それから10日後の1947年8月24日、池田大作は創価学会へ入会する。

サラ金「大蔵商事」で人間革命

この頃の創価学会は、いまから考えると異色な事業展開をしていた。戦前に戸田の得意としていたのは、教育関係の出版事業だった。特に学習参考書の制作に才能を発揮してベストセラーなども生み出し、「受験の神様」などとすら呼ばれていた。1946年、創価教育学会を「創価学会」に改称した戸田は、お得意の出版事業で組織の再出発の道筋をつけようとした。入会したての池田も教団サイドから誘われ、教団系の出版社・日本正学館に入社して、少年雑誌の編集などにあたることになった。

ところが、この戦後の戸田の事業はまったくうまくいかなかった。戦後に行われた学習指導要領の改訂に、従来の〝戸田スタイル〟の参考書がついていけなかったこと、また本来は堅実な事業経営のあり方のはずの雑誌の定期購読料を前払いしてもらうやり方が、急激なインフレによって逆に損を生むものと化したことなどが、その主な原因だったという。日本正学館はそうしたことの末に1949年に倒産する。戸田は小口金融業などに活路を見出すが、これもうまくいかなかった。

しかし、戸田はくじけなかった。作家・溝口敦は著書『池田大作「権力者」の構造』

（講談社＋α文庫）の中で、「戸田城聖の破産と教団指導業への転進」を指摘している。この表現は正鵠《せいこく》を射ている。戸田は教団周辺事業の収益で宗教団体を回していく従来のやり方から、〝教団指導業〟に専念していくことで、すでに述べた日蓮正宗の宗教理論と教育学を折衷させ、教員仲間と独自の教育理論を話し合っていたような集まりだった牧口の創価教育学会を、〝純然たる新興宗教団体〟に変えていくことになるのである。

ただ、この流れのなかで池田大作の内部には大きな変化が起こった。それは日本正学館の倒産後に、戸田の手がけていた金融会社に池田が移籍し、特に1950年に戸田が設立した小口金融会社、つまり現在でいうところのサラ金である「大蔵商事」という会社で、営業部長を務めたことに由来する。

この戸田の金融業進出も結局はうまくいかなかったものの、全体としての失敗のなかで、池田という個人は、実は上昇気流に乗っていたのだ。

溝口敦は著書『堕ちた庶民の神　池田大作ドキュメント』（三一書房）で、大蔵商事時代の池田について、こう書いている。

池田が戸田のもとに勤めた最初は昭和二十四年一月の日本正学館であり、それからほぼ四年たった二十七年十月、彼はたしかに大蔵商事の取締役に就任している。昭和二十七年時、大人の理髪料金は高くて百四十円、大卒公務員初任給は五千円に満たず、社長・和泉覚の四万八千円は現在（昭和56年）の約七十七万円に相当し、まずまずの高給だが、それにもまして池田の二十万円は月給三百二十万円程度にはあたるとみられ、信じがたいほどの高額である。

金融業に勤める人間の給料というのは、今も昔も歩合給的なものが多くを占める。つまり池田はこのとき、言ってみれば〝サラ金の取り立て屋〟としての、何らかの才能を開花させたらしいのだ。

実際にジャーナリストの山田直樹は、『週刊新潮』２００３年12月18日号に寄稿した『「高利貸しの営業部長」だった 極貧『池田大作』の知られざる屈折人生」で、大蔵商事勤務を経た池田大作という人間の変貌について、こう書く。

（前略）先の池田氏の小学校時代の同級生は、大蔵商事に入った頃の池田氏をこう語る。

「昭和25年に池上でやった最初の同窓会に現れた時だったな。あの時のことは今でも忘れられない。昭和17年卒業組は今昔会という同窓会を開くんだけど、その時、池田は遅刻してきた。同窓会に顔を出したのは後にも先にもその時だけだよ。遅刻してきたのに、恩師に挨拶もせずに、どっかりと席をおろして、いきなり演説を始めたんだ。大きな声で。みんな驚いたよ。遅刻してきたのに、いきなりですからね。ひとしきり自分の話が終わったら、初めて〝おっ先生、元気か〟なんて片手をあげた。田中角栄みたいなあれだよ。目立たないだけのあの男が、いつの間にかそういう尊大さを身につけていたんだ」

大蔵商事時代の彼が、水を得た魚のごとく活き活きとし、さらに周囲が驚くほどの尊大さを身につけ始めたのは注目に値する。

つまり、池田大作という、「特徴らしいものはなにもなかった」「いたって平凡な少年」は、創価学会内部において、〝宗教的なこと〟ではなく、大蔵商事での勤務によって、自分のなかの何かを変えた。池田は後年、この金融関係の仕事に従事していた時代のことを振り返り、「大蔵商事では一番いやな仕事をした。どうしてこんないやな仕事をするのかと思った」（『継命』編集部編著『社長会全記録』）、「金融というのは私の性に合っていない、いわば最もきらいな仕事であった」（『私の履歴書』）などと述べて、肌に合っていなかったと縷々《るる》述べている。しかし、好きだったか嫌いだったかはともかく、向いていたのは事実ではなかったか。

後に池田が書く自伝小説のタイトルにもなる「人間革命」という言葉は、戸田が提唱し、今では創価学会全体のスローガンとなっているものだ。意味としては、『人間革命』とは、自分自身の生命や境涯をよりよく変革し、人間として成長・向上していくことをいいます」と、創価学会の公式サイトで解説がなされている。

まさに池田大作の「人間革命」が、そこで起きたわけである。

折伏大行進と稀代のケンカ師

さて、1951年5月3日は、戸田城聖がさまざまな事業展開路線に一定の見切りをつけ、「教団指導業」に専念していく決断をした、一つの象徴的な日付である。この日、戸田は正式に創価学会の第2代会長に就任したのだ。教団機関紙『聖教新聞』が創刊されたのもこの年だ。牧口常三郎が1944年11月18日に獄死し、終戦後に組織の再建が始まって以降、創価学会を率いていたのは紛れもなく戸田だったが、実は会長職は牧口の死後、空位のままだった。戦争終結から約6年を経て、戸田は1951年にようやくという感じで、創価学会会長に就任した。

ここに至るまで創価学会内部では、戸田が行っていたさまざまな事業運営が混乱を極めていた。池田大作著『私の履歴書』によれば、この間、創価学会系企業に勤めていた会員たちにはまともに給料も支払われず、嫌気がさして逃げ散る人々も多かったそうだ。しかし、池田は大蔵商事で活躍できていたこともあり、何とか創価学会に踏みとどまった。それで戸田から目をかけられたのだと言われている。

池田は、戸田が創価学会会長に就任する2カ月前の1951年3月に東京都蒲田支部の大森地区委員に任命されたのを皮切りに、青年部第1部隊長、同参謀室長、渉外部長などの役職に起用されていく。この「青年部参謀室長」というのが、戸田会長時代における池田の最も知られた肩書だった。あまり宗教団体の役職者らしくない物々しい肩書だが、当時の教団指導者、戸田の人間性に負うところが大きいのだろう。

戸田は豪放磊落な実業家タイプであった。彼は酒にも女にもだらしなかったが、それを内外に隠すこともせず、大言壮語をし、それがかえって周囲の人々に愛されるような人物だった。性格は火のごとく戦闘的で、あるときなど創価学会の若手会員に軍隊風の行進をさせ、それを白馬に乗って閲兵したなどの逸話も残る。いまも創価学会に残る「青年部」「男子部」などの各部署は、戸田が創価学会の組織を軍隊風につくりあげようとして、設置していったものだ。そんな組織において「参謀室長」という肩書も、あまり違和感のないものだった。

戸田は創価学会会長となるや、自分の命のあるうちに、創価学会の会員を75万世帯まで増やすと宣言した。当時の創価学会は数千世帯くらいしか会員のいない小さな団体で、これを聞いた関係者らの多くは、「大言壮語が過ぎる」と思ったらしい。しかし、戸田は部下の創価学会員たちに、大規模な布教キャンペーンの実行を指示する。いわゆる「折伏大行進」が始まった。

折伏とは「布教」を意味する仏教用語であるが、さらに詳しくその意味を述べれば、「悪い人間や悪い考えを持っている者たちを徹底的に屈服させ、正しい教えに従わせること」を指す。対照的なのが「摂受《しょうじゅ》」という言葉で、これは「人に優しく説いて、正しい教えに導くやり方での布教」を意味する。戸田は「75万世帯への布教」という自身の目標を貫徹するために、「折伏をせよ」と、創価学会員らに命じたのである。

この折伏大行進は、大変な過激さを伴った。布教のターゲットと見定めた人を大人数で囲んで創価学会への入会を迫る、「創価学会へ入会しないとあなたは不幸になる」などと言って脅す、といったような行動も多々見られたため、社会問題化した。

この折伏大行進のなかで、創価学会員のいわゆる手引書になったのが、『折伏教典』という、当時の創価学会が発行した本だった。布教活動におもむく会員たちのために、創価学会の教義内容の解説などが載っていて、他宗教に対する批判も、かなりのページを割いて掲載されていた。ただし、かなり乱暴かつ一方的なものが多く、例えばキリスト教については「キリスト教の天国など（略）架空のたとえ話にすぎない」と言い切り、一般的な伝統仏教に対しては「時期はずれの腐った仏教では、阿弥陀・大日・観音などの木像絵像をまつっている。これらは元来架空の存在だし、理想の象徴化されたにすぎないから、何らの威力も功徳もない」などという調子であった。これで人の家へ押しかけるなどして、「私はクリスチャンです」などと断ってきた相手に対し、こうした理屈を並べ立てるわけだから、社会問題になるのも無理はない。

『人間革命』第2巻「前哨戦」の章には、このような調子で折伏大行進当時の若き創価学会員が、明らかに生長の家と思われる他宗教団体の行事に乗り込み、関係者らに議論を吹っかけて場を荒らす様子が以下のように再現されている。

「私は、神について、伺いたいと思います」

歯切れのいい口調は、まさしく滝本（引用者注・創価学会の若手会員）の声である。手をあげていた岩田（同）は、それを耳にして、ニヤリと笑った。

〝やれやれ、滝本に先を越されたか。滝本のやつ、なかなか、すばしっこいな〟

岩田は、耳を澄ました。

「先ほど、神のことを言われましたが、それがさっぱりわからんのです。どんな神ですか。具体的に説明してください」

質問は、いきなり問題の中心点を突いた。

教祖は、軽く頷いて、さも余裕のあるような態度を示しながら、口を開いた。

「これは信仰の根本問題です。われわれが神の子であるというのは、われわれの中に、一つの絶対の神を宿しているからですが、日本には『八百万の神』などと、たくさんの神があります。そこで、神は一神か、多神かという問題になりますが、元は一つで、ただその現れ方が違うだけであります（中略）」

彼は、得意然として、しゃべりまくっていた。まったく、わかるようでわからない我流の話である。

その時、突然、滝本はそれをさえぎった。

「わかりました。私は、神だけわかればいいのです。先ほどからの、先生のお話の通りだとすると、先生が書かれた本のなかに、教団の神があるということになりますが、そう理解してよいのですか？」

「そうとっても結構です。要するに、私の本は、霊波を運ぶ役目をしているわけです。われわれの『生命』が、神の子であるという真理を知れば、それで苦しみを救う力が、必ず出るのです」

彼は、もっともらしい口調で言った。

滝本は、それにかぶせるように早口になった。

「それでは、仮にですよ、その本のなかに、間違ったことが書いであったら、その神は間違った神ということになりますね」

「そりゃそうだよ……」

彼は反射的に、こう答えてしまったのである。だが、一瞬、ドキリとした表情を隠すことができなかった。そして、怪訝な顔つきで、滝本の方をじっと見た。

「天照大神《てんしょうだいじん》というのは、どういう神ですか！

さっきのお話ですと、『宇宙』の神のようですが、日本の神ではありませんか！　つまり、アメリカの神でも、中国の神でもない。日本民族の神と思っているのですが、この点を説明してください」

滝本は、論点を変えて冷静に迫った。それにひきかえ、教祖の話は、全く支離滅裂になった。


この章の後半では一応、戸田城聖が「一方的に押しかけて行って議論をふっかけ、教祖が太刀打ちできなくなったぐらいで、いい気になるような者を、私は育てた覚えはない。慢心もはなはだしい。それが私は悲しいのだ」と語り、若手たちをいさめるのだが、その若手たちの生長の家を向こうに回しての大立ち回りは、実に痛快かつ格好よく描かれている。実際にこのようなことが多々、行われていたのだろう。

かくして折伏大行進が呼号されて以降の創価学会には、このような戦闘性、暴力性が明らかに強く現れてきて、もはや教育者たちが宗教理論と折衷させた教育理論を語り合う、牧口常三郎時代の創価教育学会とは、まったく別物と化していた。

1952年4月27日には、「狸祭り事件」というものが起きた。当時の創価学会の上部団体だった日蓮正宗の関係者で、創価学会と敵対関係にあった小笠原慈聞《じもん》という人物が、同宗総本山・大石寺境内で創価学会青年部に暴行され、牧口常三郎の墓前で謝罪を強制された出来事である。

1955年3月11日には、池田大作の人生にとっても重要な事件となる「小樽問答」というものが起こる。その少し前、北海道小樽市にあった、創価学会員の営む洋品店に同市内在住の3人の女性学会員が訪問すると、伝統宗教団体である日蓮宗の僧侶と、ばったり出くわした。その洋品店を営む家庭は、日蓮宗から創価学会に改宗して日が浅く、日蓮宗の僧侶は檀家を取り返さんと、説得しに来ていたのだった。女性学会員らと僧侶の間で言い合いが起こり、それならば日時をあらためて創価学会vs.日蓮宗のきちんとした議論の席を設けようとの趣旨で、小樽市公会堂で開かれたのが、小樽問答だった。

この小樽問答では、創価学会、日蓮宗それぞれの側から2人の講師が派遣されて、お互いの教義について「ここに問題がある」といった意見をぶつけ合った。この問答に関しては詳細な記録も残っており、今でもどういう議論が行われたのか、確認することが可能である。ただ、基本的には仏教上の教学論争で、しかもお互いが好きなことを言い放題にぶつけあっているような印象が強いうえ、会場からのヤジなどもひどく、果たしてどちらに分があったのかは、よくわからない内容だ。しかし、終盤に事件が起こる。その場で創価学会側の司会進行をまかされていた池田大作が出し抜けに、こう言い放ったのだ。

「本日の対決は、ぜんぶ、テープレコーダーに厳然ととってございます。しかるに、本日、現状だけのいままでの対決の状態を見まして、断固として、日蓮正宗が、日蓮正宗創価学会が、だれが聞いても、だれが見ても、正しいということは、厳然とわかることであると思います。御苦労さまでございました。解散します。御苦労さまでございました」（池田大作著『会長講演集』第4巻）

これに合わせて、会場にいた聴衆がワッと拍手と歓声を上げた。池田は小樽問答の始まる前、創価学会側に入念な動員工作を仕かけ、会場に大量の学会員を配置することに成功していた。そして一方的な勝利宣言を、会場からの大量の拍手で既成事実化し、「この小樽問答は創価学会の勝利で終わった」という歴史的事実を形づくってしまったのである。

貧しい海苔屋に生まれた「いたって平凡な少年」は、戸田城聖の薫陶のもと、〝稀代のケンカ師〟に成長しつつあった。

約2週間の未決勾留で美化されるイメージ

1956年の年頭、創価学会内でも有数の実力者として台頭しつつあった池田は、関西方面の担当責任者に任命される。創価学会は東京で設立された団体で、牧口常三郎、戸田城聖、そして池田大作のいずれも、関西で生まれ育った人間ではない。言ってみれば当時の創価学会にとって、関西とは未開の荒野のようなものであった。しかし、池田はその年の6月にはもう、創価学会の大阪支部を1万1111世帯という数に拡大させたという。

そのような池田の驚異の折伏パワーの内実がどのようなものだったのかを皮肉にも示したのが、いわゆる「大阪事件」である。1957年7月3日、池田が公職選挙法違反で逮捕されたのだ。

事実上の創価学会政治部門である公明党が、党として結成されたのは1964年のことだが、創価学会としてその会員を各種の選挙に立候補させる動き自体は、1955年から始まっていた（当時は「創価学会系無所属候補」などと呼ばれた）。この流れで創価学会は、1957年4月に行われた参議院大阪地方区の補欠選挙に、学会員の中尾辰義を立候補させた。中尾は落選したが、この選挙運動のなかで、創価学会側に選挙違反があった疑いが浮上した。

具体的には、創価学会員の選挙運動員が、公選法で禁止されている戸別訪問を宗教勧誘の体裁をとって繰り返し、また有権者にタバコなどを配って買収していたというものである。そうしたことを実際に行っていた学会員ほか、池田もそれを指示、共謀していたという疑いで逮捕された。

つまり、池田が関西で急速に創価学会を浸透させた背景には、まさに地べたをはい回って人々を訪問する、必要があれば物心両面で支援するという、徹底した現場主義の貫徹があった。しかし、それが選挙活動となった場合に、公選法違反という形となったのである。事実、池田は死去するまでに公式に大阪を258回も訪れたとされる。そして関西は現在、創価学会のなかで「常勝関西」などともうたわれる、極めてぶあつい基盤を誇る地域になった。これらは間違いなく、池田の実績である。

だが、池田は転んでもただでは起きなかった。池田は逮捕後、2週間ほど勾留されて釈放となり、その後の裁判を経て無罪となった。そして、実際に戸別訪問や買収などを行った末端の学会員には有罪判決が下っているにもかかわらず、池田は「これは権力が創価学会を弾圧しようとした結果だ」といったようなことを叫んだ。現在、創価学会の公式サイトには、この大阪事件の解説として、次のような文章が掲載されている。

大阪事件は、この年の7月3日、学会勢力の台頭を恐れた当時の検察権力が、池田大作先生（当時青年室長）を、不当に逮捕・勾留した事件です。同年4月の参院大阪地方区の補欠選挙では、一部の学会員が選挙違反容疑で逮捕されてしまいました。

これを、学会に打撃を与える絶好のチャンスと捉えた当時の検察は、逮捕した会員たちを恫喝したり、騙したりして、池田青年室長の指令で選挙違反をしたという虚偽の供述を引き出し、ついに無実の池田室長を逮捕するに至ったのです。

さらに池田は、2週間ほどの未決勾留だけだったにもかかわらず、「牧口常三郎、戸田城聖に続いて国家権力の横暴のため、牢に入った人物」というイメージで自分を美化してもいく。実際、彼は著書『随筆　勝利の光』のなかで、このようなことを自ら書いているのだ。

今、私が対談を重ねている南米アルゼンチンの人権の闘士・エスキベル博士（ノーベル平和賞受賞者）は語っておられた。

「創価学会の歴代会長は、不正義と戦いました。ゆえに迫害され、牢に入りました。しかしながら、自らを犠牲にすることによって、未来の希望を育みました。創価学会は、今なお闘い続けております。闘いはまだ終わっておりません。いな、闘いとは、永遠に持続されてゆくべきものであります」

しかし、そんな池田の奮闘もあって躍進を続けていた創価学会に悲報が走る。1958年4月2日、戸田城聖が死去したのである。

池田大作がその戸田の後を継いで創価学会第3代会長となるのは1960年のことで、そこから創価学会のカリスマ・池田大作の物語は本格的に始まっていく。その時代の話については次章で詳しく見ていくが、すでに戸田城聖時代のなかにおいても、創価学会における池田の存在感は、かなりのものにはなっていた。

会いに行ける宗教指導者

いかに毀誉褒貶が多かろうと、池田大作という人物が戦後の日本宗教史、いや日本史のなかで特筆すべき人物だったことは間違いがない。なぜ彼のような人物、すなわち恵まれた出自でもなく、学歴があるわけでもなく、何かの公職に就いていたわけでもない男が、そこまでの実力者になれたのであろうか。

創価学会の古い世代の会員、すなわち池田と同時代を生きた年齢層の会員たちと話をすると、彼らのほぼすべてが、「池田先生とお会いした経験」を持っていることを聞かされる。それも、「ちょっとあいさつをしたことがある」程度の話ではない。例えば「初対面なのに『君は○○大学卒らしいな。がんばってくれ』と僕の経歴をご存知で、肩を叩いて激励された」とか、「小学生時代にお会いしたのだが、『君たちは未来の宝だから』と、ひざまずいて頭をなでてくれた」とか、「高齢の母親の背中を『ご苦労様』となでてくれた」とか、「以前に簡単なあいさつをして2度目に会ったら、私の顔と名前を覚えてくれていた」とか、個々人がかなり濃密な〝池田大作体験〟を持っているのである。また創価学会の一般会員にして「池田先生からプレゼントをもらった」「手紙を書いたらお礼が返ってきた」というような経験を語る人も、少なくない。

これは池田の主著『新・人間革命』にも載っているのだが、1974年に池田が中国を初訪問した際、中国人の少女から「おじさんは、どこから来たのですか」と話しかけられ、即「日本から来ました。あなたに会うために来ました」と当意即妙に答えたというエピソードも伝えられている。

このように、池田は日本最大の宗教団体のトップにしてカリスマだった人物なのだが、決して奥の院にこもって指示だけを出すような人物ではなかった。現場の最前線に自ら飛び込んでいき、そこで出会った目下の人間に対しても決して偉ぶらず、実に気の利いた話をする。その精力的な活動は周囲に広く知られていて、まさに「池田大作先生は個々の創価学会員の一人ひとりと直結している」というイメージを振りまき、組織を大きくしてきたのである。言ってみれば、アイドルグループのAKB48ではないが、「会いに行ける宗教指導者」が、池田大作だったのだ。

もっとも前出の矢野絢也などに言わせると、創価学会内には各方面組織、県組織ごとに、池田の側近的スタッフが配置されており、「彼らが動き回り、担当方面で誰かが亡くなれば（引用者注・池田の名前で）弔電を打ったり、何かを贈ったりというシステムがあって、あたかも池田が「学会員一人一人と直結」しているかのような「オートメーション」的なシステムが構築されていたのだという（『私が愛した池田大作』）。

このように実際には、池田が学会員と「直結」していたわけではない。しかし、それがたとえ虚像的なシステムであったとしても、同様の体制を整えて常に支持者や部下などとの関係に気を配っているような政治家や大企業の社長はどれくらいいるのだろうか。
『創価学会の研究』（講談社現代新書）の著書がある社会学者の玉野和志は、雑誌『SAPIO』（小学館）2017年3月号で、池田についてこう語っている。

戦後日本の民主主義は大衆によってダイナミックな動きを見せてきました。中層から上層に上昇した人に嫌われて、底辺の人たちから厚く支持された田中角栄や美空ひばりと、池田氏はよく似ていると私は考えています。
すなわち、学会活動の中で社会の底辺にいる人々を引き上げるシステムを作り上げ、〝頑張れば何とかなる〟という、日本の高度成長を支えた基本的なエートスを（田中角栄に続いて）体現したということです。

そういう意味で池田大作とは、田中角栄のような〝気配りの人〟と言うことができるだろう。実際、池田の「オートメーション」システムを批判的に語った矢野絢也でさえ、「内実はオートメーションであっても、（引用者注・贈り物などを）もらった側はやはり感激する」（前掲書）と語っている。

保守と革新の間隙を衝く

また池田大作という人物を語るときに避けて通れないのが、すでに述べたような、日蓮という人物と通じる庶民性の強調、いわば〝反エリート主義〟とも言える姿勢だった。

雑誌『文藝春秋』1968年2月号で、作家の松本清張と対談した池田は、「よく政治家や評論家、学者などというエリートたちは内心民衆をバカにしているけれども、逆にその人たちが庶民からバカにされていることを知らない」と指摘している。また松本に、1964年に設立されたばかりの公明党の運営方針について聞かれた池田は、こう語った。

それからもう一つは、未組織労働者（引用者注・労働組合に入っていない労働者のこと）です。三千万近い労働者の中の半分は未組織なんですね。これは中小企業、零細企業に多いのですが、ここでは経営者も労働者も大変なんです。二年間、職場座談会をやった経験がありますから、未組織労働者の組合をつくり、なおそういう小さい企業の経営者とも、共存共栄できるような方式を実行していくつもりです。

この池田の発言に対して松本が――おそらく既存の労働組合を統《す》べる社会党や共産党から懸念が出てくるだろうことを念頭において――「労働者への裏切り行為」ではないかとの疑問を向けると、池田は「そんなことをいうこと自体が労働貴族のセクショナリズムであり、エリート化ではないですか」とやり返す。そして、こうたたみかけていくのだ。

右とか左とかいうのでなくて、日本の最大多数の人がどうすればほんとうに幸せになるか。あるのはこれだけだ。わたしたちは傲慢と邪悪に対しては鋭く戦って来た。それに挑戦して来た人間ですから。その精神で一生戦う決心です。学会今日の発展はあくまで大衆、庶民とともに生きぬいてきた、その生命に感応してくれた結果だ、と確信するのです。それを裏切ったりできますか。(中略)

いままでの政治家は選挙のときだけ頭を下げる一日政治ですよ。それでいて皆あとから文句ばかりいっている。いままで為政者たちは、うまいことはいっているが、貧乏人とか病人とか未組織労働者はシャット・アウトしている。手をよごさずいい子になっていた。だがその中へ嘲笑をうけながら入っていったのが、わたしどもの実践だった。

創価学会に限らず戦後の日本の新宗教とは、高度成長期に地方から都市部へ移住してきた、農家の次男坊、三男坊などを吸収する形で急成長した。そうした人々はまさに〝寄る辺なき人々〟で、多くは中小企業の労働者や零細な自営業者となっていた。まさに池田の言った「未組織労働者」だ。一方で、その当時の世界には米ソ対立の冷戦構造があり、日本の政界もそれを前提とした「55年体制」、すなわち保守の自民党と革新の社会党が、国会で対峙する形になっていた。

松本清張と対談したときの池田大作

保守の自民党とは、言うまでもなく、企業経営者や地主層を中心的な支持者としてきた政党だ。一方で革新の社会党（共産党もだが）は、「労働者の味方」との立場を標榜し、労働組合をその支持基盤としてきた。

しかし、まさに池田が指摘していることであるのだが、社会党や共産党がよって立っていた労働組合とはその実、大企業や公務員の労組が中心だった。そもそも中小企業などに勤める大半の労働者は労組に入っておらず、社会党や共産党と関係のある労働者たちは、「労働貴族」などと揶揄されていた。池田はまさに、庶民がその構成員の多くを占める宗教団体の、庶民出身の宗教指導者として、その間隙、矛盾を衝いているわけだ。

先に、池田の現場主義や細かな気配りの態度を、田中角栄に重ねる世評があることを紹介したが、21世紀のいま、こうした「庶民の立場」を強調する池田を見てもう一人、彼と重ねうる存在として浮かび上がる人物がいる。第45代アメリカ合衆国大統領のドナルド・トランプである。

トランプは2016年のアメリカ大統領選挙で、「今のアメリカ政治は、一部のエリートたちだけのものになってしまっている」と批判を展開した。そして、「ラスト・ベルト」といった名で呼ばれる、IT景気による発展などからは取り残された、さびれた地方の労働者たちの共感を強く得て、大統領に当選したのだ。トランプは2017年1月20日の大統領就任演説で、「この国の忘れられた人々は、もうこれ以上、忘れられることはない」と語り、まさに全米の〝庶民〟に喝采された。そんなトランプが、毀誉褒貶にまみれているところまで含めて、池田大作と重なるところは多い。

第3章　「政教一致」から「平和の使者」へ

絶対的な数字で権力基盤を強固に

池田大作が創価学会の第3代会長に就任したのは、1960年5月3日のことだった。第2代会長・戸田城聖の死から、ほぼ2年が経過していた。後の「創価学会の絶対的カリスマ・池田大作」の姿を知る視点から考えると少々不思議かもしれないが、池田は戸田亡き後の創価学会を掌握するのに、2年を要した。

ただ、当時としてはそれも仕方なかった。確かに戸田死去の時点で、池田は創価学会内でも存在感ある幹部に成長していたものの、彼はそのときわずか30歳に過ぎない青年だった。学会内部の序列的には、池田より年長で格上の幹部は数多くおり、池田としてはそうした彼らを出し抜くための権力闘争に、2年を要したということなのだろう。

とはいえ、池田に近しい創価学会員たちにとっては、創価学会の次期会長は池田以外にいるはずがないと感じられていたそうだ。例えば戸田の存命時、池田は創価学会の関西方面の責任者に任じられていたが、その関西で池田のいわば側近的な仕事をしていた、後の公明党衆議院議員・矢野絢也は、戸田死去直後の関西における創価学会員たちの心境について、こう書いている。

強気の指揮とわかりやすい御書講義（引用者注・「御書」とは日蓮の著作などのこと）、そして開けっぴろげな語り口。関西での池田氏人気は絶大だった。

「次期会長？ そんなん、池田先生に決まっとるやんけ」

「ホンマや。他に誰がおんねん」

という感覚だった。


（『私が愛した池田大作』）

矢野絢也

創価学会内のこうした空気にも押され、2年という年月をかけながらも、池田大作は創価学会会長の座を射止めた。

つまり、池田は実力で権力を手にしたのである。彼が会長になれたのは、その「強気」や「わかりやすさ」、また「開けっぴろげ」な態度が周囲に好感を持たれたためで、何より折伏や選挙戦など

石田次男

の現場で、圧倒的な数字を引っ張って来られる人物であるからだった。池田は、決してどこかの実力者の親類縁者だったから会長になれたわけではなく、「池田先生が創価学会の会長になったのは、神仏の思し召しである」といった怪しげな風説が流されたためでもなかった。

ちなみに、池田が創価学会第3代会長になるにあたり、最大のライバルと目されたのが、戸田死去時の創価学会理事・石田次男（後に公明党参議院議員）だった。石田は池田より年長で、また日蓮仏教についての理解が深かった。戸田もその頭脳を買い、創価学会の教学理論書の編纂にも当たらせていた。しかし、戸田体制後の創価学会は石田よりも池田を、すなわち学者肌の人物よりも、泥臭く数字を持って来ることができる男をトップに選んだ。この創価学会の実力主義の気風は、今なお同会の組織的な性格を規定する、重要なファクターである。

池田は1960年5月3日、会長就任のあいさつで、次のように述べている。

会長先生（引用者注・戸田城聖）の幾多の将来への指針、御遺訓がございますが、その一つに、昭和三十三年二月の十日、その朝に『あと七年間で三百万世帯の折伏をしような』とおおせになられたことが、私の頭脳にこびりついております。（中略）三百万世帯の達成、すなわち恩師戸田城聖先生の七回忌のその年いっぱいまでに、断固として、楽しく、そして仲良く、たくましく、三百万世帯の遂行を、成し遂げたいと思うしだいなのでございます。

（『会長講演集』第1巻）

戸田が生前、自分の命あるうちに創価学会員を75万世帯に増やしたいと語っていたことは前述した。この目標は戸田が死去する前年である1957年の年末までに達成されたと、創価学会側では発表している。もともと数千世帯くらいしか会員がいない団体だったのだから大変な躍進だ。それを池田は、さらに300万世帯にするといっているのである。

そして、やや誇大妄想気味にも思えるこの目標は達成された。それどころか戸田の死去から十数年で、池田は創価学会の会員数をさらに10倍、すなわち750万世帯に増やしたというのが、創価学会側の公式発表だ。

そういう絶対的な数字を示していくことで、池田は学会内の自身の権力基盤をますます強固なものにしていった。

戸田城聖「断じて政党などやらんぞ」

池田大作体制確立後の創価学会の動きとして特筆されるべきは、1964年11月17日の公明党結成である。

創価学会は戸田城聖時代の1950年代から、各種の選挙に会員を立候補させることを始めていた。しかし、当初は地方議会が中心で、1956年に参議院に議員を出したものの、衆議院選挙には参戦しておらず、また政党組織も持っていなかった。戸田は生前、外部メディアの取材に「衆議院には候補者を立てない」(『週刊朝日』1956年7月29日号)とはっきり答えている。また、「わしの力あるかぎりは、断じて政党などやらんぞ」(『総合』1957年7月7日号)という発言があったとの記録も残っている。

戸田の政治的方針がそういうものだったことについては、池田とて当然承知していた。実際、池田は会長に就任して間もない1960年6月10日の中部総支部幹部会で、このように発言している。

創価学会は衆議院には出ません。なぜかならば、あくまでも宗教団体ですから。政治団体ではありません。参議院のほうは、これはあくまでもあらゆる団体の代表が出て、衆議院のほうから回った、いろいろな法案というものを、厳正中立の立場で『これはよし、これはいかん』というふうに審議する立場ですから、これはかまわないわけです。各団体が出るところですから。

（『会長講演集』第１巻）

つまり、創価学会は断じて、「政治団体」、すなわち政党は結成せず、それゆえに衆議院にも進出しないという、戸田の考えを追認しているわけだ。

また池田は、創価学会として衆議院選挙にどう対応していくのかについては、同じ講演のなかでこう言っている。

それで、さきほど申し上げた問題は衆議院のほうなのです。大勢の人が自民党からもくるかもしれません。社会党からもくるかもしれません。共産党のほうからも、くるかもしれません。いずれにしてもぜんぶ創価学会という宗教団体に、はいっている皆さん方は、もと共産党で救われなかった人の系統できた人もいるかもしれない。社会党のほうに連なって信心している人もいるかもしれない。自民党のほうで、なにか関係があって、そして信心している人もいるかもしれません。カクテルのようなものですから、どっちに応援するわけにもいきません。あくまでも皆さん方の自由と、こう決めたいと思うのですが、どうでしょうか。

（同前）

つまり、創価学会として、衆議院選挙に際しては会員の投票行動を縛るつもりは一切ないので、共産党でも社会党でも自民党でも、個々の会員が好きな政党に入れればいいと言っているのである。これが、創価学会の当初の政治姿勢であった。

戸田の方針を翻し公明党結成

しかしそれは、1964年の公明党結成、またそれに伴って1967年から始まった衆院選への参戦によって、一変する。

そもそも1965年の参院選において、公明党は全国区から約509万票を集めている。現在の公明党は国政選挙で全国から比例票を600万～700万台集めているわけだが、すでにこのころから、現在に近い選挙基盤は有していたと言える。池田はこの勢力をフル回転させて、1967年の衆院選に公明党として初挑戦する。

なお、このころの政界では、自民党議員と財界との不適切な癒着事件が多数発覚して、1967年の衆院選が行われる理由となった解散は、「黒い霧解散」などと呼ばれていた。池田は、公明党は「クリーンな新党である」というイメージを盛んに振りまいて、公明票の掘り起こしに尽力していた。

またもうひとつ、このころの衆院選は中選挙区制、つまり一つの選挙区から3人や4人といった複数の当選者が出る仕組みを採用していた。しかし、自民党内にはこれを小選挙区制、すなわち1つの選挙区から1人の当選者しか出ないように変えようとの意見があり――実際に1996年から制度が改正されて小選挙区制になっているのだが――この1967年の選挙から、制度を改正しようとの動きがあった。ただ、基本的に小選挙区制とは大政党に有利で、中小政党には不利に働く。当然、公明党にとって都合のいい話ではなく、創価学会内には怒りの声が上がった。そして、池田はこの学会内に生まれた小選挙区制反対を訴える怒りの炎を最大限に焚き付け、選挙活動に利用した。

池田著『新・人間革命』第11巻「躍進」の章はこう書く。


この動き（引用者注・衆院選を小選挙区制に変えようとする自民党内の動き）に、敏感に反応したのは（引用者注・創価学会の）青年部であった。

青年たちは、一党による権力の維持と、公明党の衆議院進出を阻むための党略であると見抜き、〝小選挙区制〟粉砕のデモを行いたいと申し出た。（中略）

伸一（引用者注・作中で池田大作は「山本伸一」の名で登場する）は考え悩んだ。

彼は、東西両陣営の対立が、政界にそのまま持ち込まれ、保守と革新の対立の構図となり、真の意味での議論も、話し合いもなされていない、日本の政治の現状を憂慮していた。

この保守と革新の溝を埋め、硬直化した事態を打開していくには、自民党、社会党という二つの極に対して、さらに新たな〝第三の極〟が必要になると、彼は考えていたのである。

そして、その役割を担いうる政党こそ、仏法の中道主義を理念とした公明党であるというのが、伸一の確信であった。

しかし、〝小選挙区制〟になり、公明党の衆議院への進出が阻まれてしまえば、その道さえも閉ざされてしまうことになる。（中略）

一九六五年（昭和四十年）十一月二十三日、東京・両国の日大講堂で開かれた青年部総会で、伸一は、〝小選挙区制〟問題に言及し、その危険性を指摘したあと、厳とした口調で訴えた。

「今、学会が動かなかったら、日本はどうなるか。もし、戦争に巻き込まれたら、民衆はどうなるか。

それで、結論として、来年、〝小選挙区制〟を強行しようとするのであれば、東京で五十万、全国で三百万の、未曾有のデモ行進をしようと思いますが、いかがでしょうか！」

「ウオー」という大歓声が起こり、怒濤のような大拍手が大鉄傘《だいてっさん》に轟いた。

結局、１９６７年の衆院選では中選挙区制が維持されたのだが、池田はこの反・小選挙区制度で燃え上がる勢いの学会員たちをそのまま選挙戦に投入し、公明党として32人の候補を擁立、25人が当選するという戦果を挙げた。

なお、このとき議席を得た公明党候補の大半は、中選挙区のなか2位以下で当選しており、確かに中選挙区制への固執は、当時の公明党にとっての重要な戦略ではあった。

では、池田はなぜ戸田の方針を翻して政党をつくり、衆院選に打って出たのか。池田は一応、公明党結成直前の1964年5月3日、創価学会の本部総会で次のような発言をしている。

公明政治連盟を一歩前進させたい。すなわち、公明政治連盟をば、皆さん方の賛成があるならば、王仏冥合達成のために、また時代の要求、民衆の要望にこたえて、政党にするもよし、衆議院に出すもよし、このようにしたいと思いますけれども、いかがでございましょうか。（大拍手）それでは全員の賛同を得ましたので、これをもって決定といたします。

すなわち、創価学会のなかに文化局があります。文化局のなかに政治部が現在までありました。その政治部の使命については私は巻頭言で「われらは政党ではない。すなわち創価学会は政党ではない。したがって衆議院にコマを進めるものではない。あくまでも参議院、地方議会政党色があってはならない分野に議員を送るものである」という意味の一項目を書いておきました。

したがって、本日をもって、創価学会の政治部は発展的解消といたしたいと思うのであります。なぜならば、この十年間、わが同志である議員は、戦い、勉強し、一流の大政治家に育ってまいりました。恩師戸田先生も時きたらば衆議院へも出よとのご遺訓があったのです。

(『会長講演集』第11巻)

つまり池田は、創価学会として衆院選に出ることは、戸田の遺訓だったと言っているのである。また、公明党の結成も、そういう戸田の遺志を実現するためなのだと言わんばかりの発言をしている。

ただ現在、あくまで外部から確認できる資料を当たる限りにおいて、生前の戸田が「時きたらば衆議院へも出よ」などと言っていた事実は確認できない。宗教学者の島田裕巳はこの点について、「池田は、師である戸田の考えを裏切ったことになる」(『日本の10大新宗教』)と、厳しく批判している。普通に考えれば、島田の見方が妥当だろう。もちろん、

「秘されていた戸田の遺言があって、それが池田にだけ伝えられていた」といったようなことならば、外部からは確認のしようがない。

広宣流布、国立戒壇の建立、王仏冥合

ところで、そもそもの話なのだが、なぜ創価学会は政界への進出を始めたのだろうか。戸田城聖はこの点について、1956年に発行された創価学会の機関誌『大白蓮華』63号のなかで、こう説明している。

われらが政治に関心を持つゆえんは、三大秘法の南無妙法蓮華経の広宣流布にある。すなわち、国立戒壇（本門の戒壇）の建立だけが目的なのである。

また、公明党が1964年に結成された際に発表された党綱領の最初に掲げられていたのは、「宇宙時代にふさわしい世界観、恒久平和への新しい指導理念としての王仏冥合の理念と地球民族主義により、世界の恒久平和の礎を築く」（『大衆とともに　公明党50年の歩み』）という内容だった。

キーワードとなるのは、「広宣流布」と「国立戒壇の建立」と「王仏冥合」である。いずれも一般にはなじみのない宗教用語と思われるので、それなりに詳しい説明が必要だろう。

鎌倉時代に生きた僧侶・日蓮は、この世にあるあらゆる仏教の経典のなかで、法華経（妙法蓮華経）こそが最高の価値を持つものだと説いた宗教者だった。その教えを受け継いできたのが、いわゆる日蓮系の各仏教宗派である。

日蓮によれば、法華経の教えが正しく信じられている世の中に、間違ったことは起こらないという。しかし、日蓮が生きた鎌倉時代には、たびたび天変地異が発生したり、特に究極の国難としてモンゴルの襲来（元寇）が起こったりした。これこそは、日本という国が法華経を軽んじていることの明らかな現れであると、日蓮は考えた。

日蓮が特に問題視したのは、当時の鎌倉幕府の上級武士たちが法華経ではなく禅宗を信じており、また京都の公家たちが浄土教（念仏）に傾倒していたことだった。これを憂えた日蓮は、鎌倉などを訪れて当時の権力者らに直撃布教のようなことを繰り返す。当然、権力側からは問題視され、日蓮は何度も捕まり、流罪になり、時には殺されそうにもなったが、彼は生涯、自身の信念を曲げなかった。

こうした日蓮の姿勢からうかがえるのは、日蓮にとっての宗教（法華経信仰）とは、ただ市井の庶民たちの心の支えとなって浸透していれば、それでよしとするものではなかったことだ。国全体に法華経への信奉が行き渡り、特に国の政治のあり方に法華経の精神が生かされなくては、日蓮にとって布教の意味などないも同然だった。しかし、そういう理想社会は、生半可な覚悟で訪れるものではない。そこで日蓮系仏教のなかには、「一閻浮提広宣流布」という言葉が、スローガン的に生まれた。「一閻浮提」とは「世の中すべて」という意味で、「広宣流布」とは「法華経の教えを広く伝えていくこと」だ。すなわち「一閻浮提広宣流布」とは、「世界全人類に布教していくこと」を指す言葉である。

その広宣流布の結果として日蓮系の各教団が目指したのが、王法、すなわち「王様が行うこと＝現実政治」と仏法の融合、合一である、「王仏冥合」であった。

国家主義者との親和性

また日蓮は、法華経の教えが行き渡った世界には、「本門の戒壇」なるものができると説いた。戒壇とは、俗人が僧侶として出家する際に戒律を授けてくれる場所のことだが、日蓮は法華経を信じる人たちの修行の場という意味も持たせている。

田中智学

この「本門の戒壇」が、具体的にどういうものを指すのかについては、実は日蓮系仏教各派のなかでも、さまざまな見解や議論がある。ただ、明治時代から昭和初期にかけて活躍した田中智学という日蓮主義者が、この「本門の戒壇」から「国立戒壇」という概念を提唱する。

田中智学は、まだ徳川時代の1861年に江戸（東京）で生まれた日蓮宗僧侶だった。しかし自分なりに日蓮の教えを学ぶうち、宗門のあり方に疑問を持つようになり、還俗（僧侶から俗人に戻ること）して1914年、在家仏教団体の国柱会を創設した。後に日本の軍国主義のスローガンともなる「八紘一宇」の言葉をつくり出し、自らの説く日蓮主義と国の政治を統合する、政教一致体制の樹立を強く訴えていく。また、大日本帝国という国家体制のなかで、田中は天皇を法華経に帰依させるべきと説いた。その延長線上に国家権力による戒壇建立、すなわち国立戒壇の建立を構想し、それこそが本門の戒壇だとしたのである。

田中のこうした考え方は、当時のいわゆる国家主義勢力に受け入れられていき、陸軍幹部で満州事変の首謀者となる石原莞爾や北一輝といった思想家が、その影響下から輩出されていった。血盟団事件や5・15事件などの戦前のテロ事件も、この田中流の日蓮主義に感化された軍人や国家主義者たちによって引き起こされたものである。

田中智学その人は、創価学会やその当初の上部団体・日蓮正宗とは無関係の人物だが、近代の日蓮主義者において、田中の影響を受けなかった者はいない。戦後の戸田城聖も創価学会の活動目的を、広宣流布、王仏冥合、国立戒壇の建立というところに定めた。学会として政界への進出を始めたのは必然であったのだ。

反創価学会ブームで有名政治家が圧力

ただし、こうした思想、態度を下敷きにして戦後社会で政治活動を始めた創価学会に対しては、当然世間一般から「政教分離違反ではないか」という批判、疑念の声が上がった。戸田城聖や池田大作はそうした批判に対し、「王仏冥合は必ずしも政教一致とイコールの概念ではない」といった説明をしているのだが、宗教的概念を用いたやや抽象的なもの言いをすることも多かった。

また世間一般から大雑把に見て、王仏冥合なるスローガンは、どう考えても政教一致とイコールであると受け止められた。そして、創価学会が公明党を結成して衆議院選挙に打って出て、実際に25もの議席を獲得した状況を受けて、世の中の創価学会に対する疑念は、極めて大きいものとなっていった。

こうした流れの末、１９６０年代後半には、「創価学会批判本」が次々と出版される、ちょっとした「反創価学会ブーム」が巻き起こった。そのうちの主だったものの書名を挙げると、植村左内著『これが創価学会だ』（しなの出版、１９６７年）、内藤国夫著『公明党の素顔』（エール出版社、１９６９年）、福島泰照著『創価学会・公明党の解明』（展望社、１９６９年）などといった作品がある。

その中でも極めつけは、明治大学教授で政治評論家の藤原弘達が１９６９年11月に日新報道から出版した、『創価学会を斬る』という本だった。この本の「まえがき」は、こんな驚くべき調子で始まる。

十月始めのある朝早く、まだベッドにいた私は突然の電話に起こされた。電話口にでてみると、政府与党の最要職にある有名な政治家からの電話であった。これまで私は、マスコミでは何度も会って話していたが、その政治家と電話でヂカに話したことは一度もなかった。なぜ、そんな電話をかけてきたのか、といってきいてみると、私がここに出版しようとする『この日本をどうする』第二巻・〝創価学会を斬る〟という本を出さないようにしてくれ、という公明党竹入委員長からの強い要請・依頼をうけての早朝電話である」ということであった。要するにその趣旨は、「ひとつなんとか執筆を思いとどまってもらえないものであろうか」ということである。（引用者注・原文ママ）

それに続いて藤原は、実際に同書が発行されるまでには、自分や出版社に対してさまざまな抗議や圧力があったと書いている。

しかし、そうした抗議に屈することなく『創価学会を斬る』は出版された。その冒頭で

「政府与党の最要職にある有名な政治家」からの圧力まであったと暴露されたわけだから、世間は大騒ぎになった。なお、この「有名な政治家」は田中角栄だったというのが定説である。

反共の防波堤

実は創価学会・公明党は、その政教一致的な姿勢を世間から不気味がられながらも、自民党とはそれなりの関係性を構築していた。創価学会に限らず、戦後の日本の新宗教団体とは、高度成長期に地方から都会へ出てきた労働者たちを信者として吸収し、急拡大してきた現実がある。そしてこれが結果として、「反共の防波堤」になったという評価もある。例えば、宗教学者の島田裕巳はこう書いている。

創価学会は、都市部に出てきたものの、労働運動には吸収されなかった人間を入信させるのに成功した。彼らは、労働運動のさらに下に位置づけられ、社会的には徹底して差別されていた。（中略）

都市の下層階級が、創価学会や他の新宗教教団に吸収されなかったとしたら、彼らは、都市の周辺に形成されたスラムに流れ着いていたことであろう。スラムには、社会主義や共産主義の革命を志向する勢力が進出し、下層階級を組織化していく。そうなれば、革命運動が盛んになり、日本においても、社会主義、ないしは共産主義の革命が起こったかもしれない。

（『創価学会』）

牧口常三郎や戸田城聖が、意識的な右翼、反共思想の持ち主だった形跡はないのだが、少なくとも保守政治家の一部は創価学会を「反共の防波堤」として好意的に見ていた節がある。例えば戦後日本の保守政治家の代表的存在である岸信介と創価学会の関係性について、『人間革命』第12巻「後継」の章には、こんな記述がある。

戸田城聖と岸信介との交友が始まったのは、二、三年ほど前のことであった。前々から、会員のなかに岸を知る者があり、戸田と引き合わせようとしていたが、彼が初めて岸と会ったのは、学会が政界に推薦候補者を送り出したあとのことである。

岸信介も、急速に発展を遂げ、政界にも進出した創価学会に、少なからず興味をいだいていたようであった。

戸田は、理事長の小西武雄と共に、岸と、食事をしながら歓談した。当時、岸は自民党の幹事長であった。もとより、二人は、思想も信条も異なっていた。しかし、これからの日本をどうするかという、建設の意気と気概は共通しており、互いに響き合うものがあった。心はすぐに、解け合った。

また池田大作も、池田勇人、田中角栄、福田赳夫といった自民党の有力政治家とパイプがあることを、さまざまなところであけすけに語ってもいた。しかし、藤原弘達が暴露したのは、池田がそういう政治家とのパイプを使って、創価学会批判本の出版に圧力をかけようとしていた構図だった。

「言論出版妨害事件」で池田が謝罪

『創価学会を斬る』は世間にセンセーションを巻き起こした。それに伴い、これまで創価学会が藤原の本以外にもさまざまな学会批判本の出版に圧力をかけていた事実が明るみに出た。マスコミはこれを、創価学会による「言論出版妨害事件」だとして猛バッシングした。当時の首相・佐藤栄作も国会でこの点を問われ、「(言論出版妨害というには)少しオーバーじゃないだろうか」としつつも、田中角栄(当時自民党幹事長)がその問題にかかわっていたことについて「余計なおせっかいをしたと考えている」などと事実上認めてしまった。

創価学会は進退窮まった。

1970年5月3日に開かれた創価学会の本部総会は、いわば池田大作の運命の場であった。彼はその席上、以下のようなことを語り、率直に「言論出版妨害事件」について、謝罪の意を述べた。

今度の問題は「正しく理解してほしい」という、極めて単純な動機から発したものであり、個人の熱情からの交渉であったと思う。ゆえに言論妨害というような陰険な意図は全くなかったのでありますが、結果として、これらの言動が全て言論妨害と受け取られ、関係者の方々に圧力を感じさせ、世間にも迷惑をおかけしてしまったことは、まことに申しわけなく、残念でなりません。

(『池田会長講演集』第3巻)

また池田は、そもそもこのような問題が引き起こされた原因である、「創価学会・公明党は政教一致国家をつくろうとしている」という世間一般からの批判に対しても、このように語った。

まず第一に、本門戒壇は国立である必要はない。国立戒壇という表現は、（引用者注・日蓮）大聖人の御書にもなく、また誤解を招く恐れもあり、将来ともに使わないと決定しておきたいと思いますがいかがでありましょうか。（全員挙手）

第二に、（引用者注・創価学会と日蓮正宗の）国教化は、一閻浮提という世界宗教の意義からはずれ、その宗教の力なきことを意味するものであり、かねてからこれを否定してきた、私どもの意思を更に高らかに宣揚したいと思いますが、その点もいかがでしょうか。（全員挙手）

第三に、将来、国会の議決によって国立にするのではないかという疑惑に対しても、本門戒壇は、どこまでも、純真な信心を貫く民衆の力によって築かれ、意義づけられることを明らかにしておきたい。（中略）

第四に、したがって政治進出は戒壇建立のための手段では絶対にない。あくまでも大衆福祉を目的とするものであって、宗門、学会の諸活動とは無関係であることを、再度、確認しておきたい。よろしいでしょうか。（全員挙手）

（同前）

この発言は「池田大作の政教分離宣言」などと一部で言われているのだが、事実上、世間からのバッシングに屈した内容だ。それまでの創価学会はどう見ても、「一閻浮提広宣流布、王仏冥合、国立戒壇建立」のために活動してきた団体であり、政治に進出したのも、この目標を達成するためだった。しかし、池田はこのとき、そういう目標をほとんどすべて放棄してしまったのだ。

その後、公明党のあり方はドラスティックに変わった。

国立戒壇という言葉を使わなくなったのはもちろん、それまではよく党内で連呼されていた「仏法民主主義」といった言葉も使われなくなった。以後の公明党は、例えば弱者の救済や争いの否定といった、仏教が説く道徳観を一般の政策レベルに落とし込んで活動する「平和と福祉の党」に衣替えして、今に至る。何よりそれまでは行われていた、宗教法人創価学会の役職者が、その肩書のまま公明党候補として各種の選挙に立候補することもなくなった。現状で創価学会と公明党とは、「原則として別組織であり、ただ創価学会が公明党を支持しているだけ」という建前の関係性である。まさに政教分離だ。

しかし、これは宗教団体としては明らかな敗北である。それが政教一致だろうが何だろうが――すなわち近代国家のあり方に相反するものだろうが何だろうが――宗教的な目標を失ってしまった団体を、「宗教団体」と呼ぶことが可能なのだろうか。

当時公明党衆議院議員になっていた矢野絢也は、この言論出版妨害事件について、『私が愛した池田大作』で、「学会、存亡の危機」だと書き、「池田氏の（引用者注・謝罪）声明発表で事態は一応の収束を見た」としている。組織としては、これ以外に道もなかったのだろう。

創価学会に接近する中国

大目標を失った宗教団体・創価学会はどうなってしまうのか――。そのとき、意外なところから池田大作の前に救いの手が差し伸べられた。中華人民共和国、すなわち中国共産党である。日中国交回復のかけ橋役として、創価学会に出番が回ってきたのだ。

時計の針を少し巻き戻そう。1968年9月8日、創価学会学生部の総会で、池田大作は突然こんな演説を始めた。

（前略）一九五二年に台湾の国民政府とのあいだに日華条約が結ばれており、我が日本政府は、これによって、すでに日中講和問題は解決されている、という立ち場をとっております。だが、これは大陸・中国の七億一千万民衆をまるで存在しないかのごとく無視した観念論にすぎない。（中略）

日中両国の首脳が粘り強く何回も何回も前向きの交渉を繰り返していくならば、いかに困難のようであっても、必ずや解決の光明が見いだせることは間違いない。しかし現在では、佐藤（引用者注・栄作）政権に、その意思もなければ、中国も佐藤政権を見向きもしていないことは明らかであります。私は、その困難な問題を成し遂げていくのは、公明党以外に断じてないと申し上げたいのであります。（中略）

我々が仏法という立ち場にあって、人間性を根幹に、世界民族主義の次元に立って、世界平和と日本の安泰を願っていくことは当然であります。

（『池田会長講演集』第1巻）

当時はまだ、日本は台湾にある中華民国政府を中国の正統政府とみなしていて、大陸にある社会主義国家の中華人民共和国とは、国交を結んでいなかった。自民党は保守政党のため親台湾派が多く、社会党や共産党といった革新政党も中国共産党とどう向き合うのかについて揺れていた。

というのも、1950年代後半から、いわゆる冷戦構造下の東側陣営では、ソビエト連邦と中華人民共和国の路線対立、「中ソ対立」が生まれ、その政治体制のあり方をめぐる激しい論争から、珍宝島事件(1969年)などの軍事衝突まで発生している。1970年代初頭において、両国はともに社会主義国家でありながら、事実上の敵対関係となっていた。世界中の左翼勢力はこれに翻弄され、日本の共産党や社会党といった革新政党内部でも、中ソのどちらにつくのかという派閥抗争が発生していたのだ。

また、中国では1966年から文化大革命が始まっていた。当初国外に詳細な情報は伝わっていなかったが、「中国は混乱したおかしな国」といったマイナスイメージが、世界中に広がっていた時期でもあった。よって、日本国内に日中国交正常化の必要性を唱える声は一定程度ありつつも、その具体的な交渉には踏み込めない雰囲気が存在していた。

池田はそのような状況下、前述の演説でこんなことまで言っている。

ソ連は社会主義を看板に人間性を抑圧し、アメリカは自由主義の旗を掲げて生命の尊厳を蹂躪している。その理念と行動の矛盾はおおうべくもないのであります。アメリカにせよソ連にせよ、彼らがいかなる大義名分を掲げようと、武力に訴え、暴力によって一国の自主独立、人間性の尊厳を踏みにじること自体、それは悪魔の所行であり、断固、排斥されるべきであると私は強く訴えたい。

（同前）

一応、アメリカ批判もくっついてはいるが、当時の中ソ対立がある国際状況下で、ここまで露骨に中国側の立場に立ち、公明党として日中国交正常化に尽力したいとした池田の発言は、明らかに破格のものであった。

孫平化の対日工作

いったい、この池田の親中姿勢は、どこから生まれてきたものなのか。

中ソ対立の状況下、中国の外交トップ・周恩来は悩んでいた。当時の東側陣営の盟主がソ連であることには揺るぎがなく、世界の社会主義国家の多くも、中ソ対立のなかではソ連を支持した。周はその状況を打破するため、中国の対外政策を大きく転換させ始める。具体的に言えば、ソ連と対立する西側諸国への接近だった。その代表的な成果が、1972年2月21日に当時のアメリカ大統領、リチャード・ニクソンが中国を訪問して米中関係の改善に動き出した「ニクソン・ショック」である。もちろん周は日本を始め、そのほかの西側諸国に対しても、さまざまな布石を打っていた。つまりは西側諸国の中にある、中国として利用できそうな団体、勢力について、周は精力的に調査、研究を行っていたのだ。

周恩来

そんな周の手足となって情報工作をしていた人物に、孫平化という中国共産党幹部がいた。戦前の日本に留学した経験を持ち、中華人民共和国成立後は共産党の対日工作に従事し、1986年からは中日友好協会会長にもなった人物である。その孫は回顧録『日本との30年』のなかで、こう語っている。

私の知るかぎり、この社会勢力（引用者注・創価学会）は、はやくも一九六〇年代の初めに、私たちの敬愛する周恩来総理に重視されていた。あるとき、私が日本訪問からもどり、廖《りょう》公（引用者注・孫の上司だった廖承志《しょうし》）につれられて、中南海の西華庁の周総理の執務室へ行って、総理にじかに報告したことがある。私の報告の中で、周総理の注意をひいたことが二つあった。一つは、日本が道路を上下に交叉させ、高速道路を建設し、近代化された都市の交通渋滞を解決した経験についてであり、もう一つは、創価学会の躍進と勢力の不断の拡大についてであった。

孫は周から、「創価学会と接触する機会をもつように」と命じられたとも語っており、実際に学会幹部と接触するなどの行動をとっていく。

周恩来からの極秘メッセージ

1966年5月、周恩来からの極秘メッセージが池田大作に届けられる。それはこんないきさつだった。ある雑誌の企画で池田は、作家の有吉佐和子と対談し、その席上で有吉が周恩来からのメッセージを初対面の池田に伝えるのである。『新・人間革命』第13巻

「金の橋」の章の描写を借りれば、こうだ。

　対談が一段落すると、彼女（引用者注・有吉）は、居ずまいを正して、真剣な面持ちで伸一に言った。

「実は、ご報告しなければならないことがあります。中国は、創価学会に対して、非常に強い関心をもっています。それで、周総理から、伝言を預かってまいりました。『将来、山本会長（引用者注・作中における池田の名前は「山本伸一」）に、ぜひ、中国においでいただきたい。ご招待申し上げます』と伝えてください、とのことでした」

　重大な〝メッセージ〟である。

有吉佐和子は親中派の文化人として、日中国交樹立前からたびたび中国に渡航していた。毛沢東や周恩来とも面識のあった人物だ。前述の、孫平化と創価学会幹部らとの接触は、この有吉がコーディネートしていたともされ、まさに彼女は周恩来の密使としての役割を十二分に果たした。

　そんな流れを経た１９７２年７月、公明党委員長の竹入義勝が、当時首相となっていた

竹入義勝

田中角栄の私邸を訪れた。すでに述べたように、創価学会と田中との間には、一定のパイプが存在していた。

竹入はそこで、「7月25日から公明党として訪中するので、儀礼的訪問を超えるため、周恩来に向けた田中のメッセージを持っていけないか」と持ちかけた。しかし田中は、竹入の要望をきっぱりと拒絶する。竹入が後年回顧したところによると、このときの2人のやり取りはこういうものだった。


「竹入君よ。俺は総理になったばかりだ。日中に手を着けたら台湾派の抵抗は強く、田中内閣は吹き飛んでしまう。俺は日中を考える余裕もないし、今はやる気がない」

「それなら、これだけは頼みたい。竹入は極めて親しい友人だと一筆、書いて欲しい」

「それはできない。代理と受け止められる」

（石井明ほか編『記録と考証　日中国交正常化・日中平和友好条約締結交渉』より。以下の

竹入の回顧も同じ）

仕方なく竹入は、単なる野党の一議員として、手ぶらで中国に向かった。しかし、中国で竹入を出迎えた周恩来は、仰天するような話を切り出す。それは、もし日本に日中国交正常化に向けて動く用意がある場合、中華人民共和国は日本国政府に対し、台湾との国交断絶は求めるものの、日米安保条約に関しては口出しをする気がなく、また尖閣諸島などの領土問題もひとまず棚上げにしていい、さらには第2次世界大戦に関しての戦時賠償を求めるつもりもない――といったものだった。

当時の日本の政治家にとって、周の出してきた条件は破格のものだった。何より日本の政界では、日中国交正常化となると、中国共産党は５００億ドル近い戦時賠償を求めてくるのでは、といった観測が真剣に語られていた。当時の円相場から計算すると、この額は日本円で約15兆円である（当時の日本のＧＤＰは約80兆円）。なお、韓国との国交正常化で日本は約11億ドルもの経済支援を行っていた。この懸念がなくなったことだけでも、周の発言の意味は大きかった。

「日中国交正常化は、池田先生のご指導によって成し遂げられた」

竹入は帰国後、田中に面会して、周とのやり取りをメモにして伝えた。再び竹入の回顧によれば、田中と竹入の間では、以下のような会話がなされたという。

「読ませてもらった。この記録のやりとりは間違いないないな」

「一字一句間違いない。中国側と厳密に照合してある」

「間違いないないな。おまえは日本人だな」

「何を言うか。正真正銘の日本人だぞ」

「わかった。中国に行く」

田中角栄が中国を訪問するのは、その年の9月25日だ。そして同29日、北京で日中共同声明が調印され、日中国交正常化は成立した。

この日中国交正常化に至る一連の流れから、「周恩来は度量の広い大政治家である」といった日本側からの評価が多々ある。しかし、当時の中国は中ソ対立のなかで国家としての生き残りをかけ、西側諸国と融和する必要に迫られていた。周恩来にとって、日中国交正常化は綿密な打算の上に何としても成し遂げなければならない課題であったのだ。

実際、竹入は回顧してこう言う。

七二年の周首相との会談で、中国側は私が田中首相の密使と思い込んだ。中国側をだましたようで負い目があった。周首相が亡くなった後、鄧穎超《とうえいちょう》夫人に会ったとき、「だますつもりはありませんでした。周首相に特使でないと言えなかったので、お詫びします」といったら、笑っていた。（中略）周首相の世界情勢も踏まえた的確な政治判断は他を寄せつけず、会談でも大人と子供の差を感じさせるものだった。それを考えると「だました」などというのも畏れ多く、周首相のたなごころの上で踊り続けた橋渡し役だったなと思う。

当時、創価学会は言論出版妨害事件によって大きく揺れていた。今後の活動に向けて、何らかの新しい展開、起爆剤が必要だった。そこに、中華人民共和国という国家の存亡をかけて、使える西側諸国の勢力を血眼で探していた周恩来がいた。周が実際のところ、当時の創価学会の状況について、どこまで詳細に把握していたのかはわからない。ただ結果として、創価学会は周の「たなごころの上」で見事に踊り、そして池田はこれを最大限に活用した。

一般社会には通じない話だろうが、創価学会の内部では、「1972年の日中国交正常化は、池田大作先生のご指導によって成し遂げられたものである」という歴史観が存在する。

実際、創価大学教授の高村忠成は、「歴史をかえた日中国交正常化提言」（2009年）という論文のなかで、こう言っている。

思えば、40年前のあの提言（引用者注・1968年9月8日、創価学会学生部総会での池田の演説）で、歴史の歯車は大きく変わりました。日中関係は飛躍的に前進し、アジアの時代が開幕したのです。今また、次の40年先の時代を展望した時、良好な日中関係の発展なくして、日本、中国も次の発展はのぞめません。アジアや世界の安定もないといってよいでしょう。

私たちは、これからいかなることがあっても、40年前の池田会長の日中国交正常化提言の精神を思い起こし、これからも日中友好のために全力をあげてまいりたいと思います。あの提言は、40年前の歴史的文書ではなく、これからの時代を拓く、未来への指南書として、今後も永遠に光彩を放っていくものと確信いたします。

彼らの世界のなかでは、田中角栄ですら日中国交正常化交渉の脇役に過ぎない。

「ガンジー・キング・イケダ」

池田が中国を初めて訪れたのは１９７４年5月から6月にかけてのことである。副総理の李先念や、中国仏教協会（これは民間の宗教団体ではなく、中国の国家機関である）副会長の趙樸初らが、池田を歓待した。そして、この旅路が終わるとき、池田の脳裏には「さあ、次はソ連だ！」という思いが浮かんだと、『新・人間革命』第20巻「友誼の道」の章は書く。

そして実際、池田は同年9月にソ連を初訪問し、首相アレクセイ・コスイギンに面会する。『新・人間革命』第20巻「懸け橋」の章によれば、池田とコスイギンは、このようなやり取りをしたらしい。

仲一は、三カ月前に中国を訪問した実感を、コスイギン首相に伝えた。

「中国の首脳は、自分たちから他国を攻めることは絶対にないと言明しておりました。しかし、ソ連が攻めてくるのではないかと、防空壕まで掘って攻撃に備えています。中国はソ連の出方を見ています。率直にお伺いしますが、ソ連は中国を攻めますか」

首相は鋭い眼光で仲一を見すえた。その額には汗が浮かんでいた。

そして、意を決したように言った。

「いいえ、ソ連は中国を攻撃するつもりはありません。アジアの集団安全保障のうえでも、中国を孤立化させようとは考えていません」

「そうですか。それをそのまま、中国の首脳部に伝えてもいいですか」

コスイギン首相は、一瞬、沈黙した。

それから、きっぱりとした口調で、仲一に言った。

「どうぞ、ソ連は中国を攻めないと、伝えてくださって結構です」

仲一は、笑みを浮かべて首相を見た。

「それでしたら、ソ連は中国と、仲良くすればいいではないですか」

首相は、一瞬、答えに窮した顔をしたが、すぐに微笑を浮かべた。

心と心の共鳴が笑顔の花を咲かせた。

伸一は、この会談に、確かな手応えを感じた。

つまり、池田大作は中ソ対立を緩和し、世界を核戦争の危機から救った平和の使者であるというのだ。

池田が民間平和外交の旗手を自任し、世界中を訪ね歩いて政治家や文化人らと交流、勲章や名誉博士号などをもらっていたという事実を知る人は多いだろう。しかし、そういう彼の行動は、実はもっぱら1970年代以降に行われたものである。池田が1971年に設立した創価大学のホームページには「創立者　池田大作先生」というコーナーがあって、彼が海外の学術機関からもらった名誉学術称号の一覧が掲載されているが、1960年代以前の彼はそういう称号は1つももらっていない。また創価学会の機関誌『グラフSGI』の2004年2月号では、池田がそれまで世界の338の町からもらってきた名誉市民証の特集が組まれているのだが、1972年にアメリカの自治体からもらったものが最初の記録だ。

つまり、「世界にはばたく平和の使者・池田大作先生」という、一般社会のなかでもそれなりに知られているイメージは、1970年代になって、すなわち創価学会の政教一致路線が破綻した後に、初めて顔を出すものなのだ。その道筋をつけたのが、実は周恩来だったと言える。もっとも周としては、単に日中国交正常化のために創価学会を利用しただけだった可能性もあるのだが、池田自身もまた、窮地の創価学会を救うために周を最大限に利用してみせた。「日中国交正常化に貢献した創価学会」というイメージを得ることで、創価学会を新しい局面に導き、再生することに成功したからである。

以後、「民間平和外交」などと称して世界を訪ね歩く池田の姿は、創価学会内部に「ガンジー・キング・イケダ」などといった言葉を生むに至る。つまり池田大作は、インドのマハトマ・ガンジーや、アメリカのマーチン・ルーサー・キング牧師と同格の偉大な人物だというのである。実際、創価学会には池田の最晩年まで、「池田先生はいつノーベル平和賞をもらってもおかしくない」などと真顔で語る熱心な会員がいたものだ。

現場力で「宿命転換」

創価学会が重視する教えに「宿命転換」というものがある。学会の公式サイトによると、それは「定まって変えがたいと思われる運命であっても、正しい仏法の実践によって転換できること」とある。池田はまさに、周恩来によってこの宿命転換を果たしたといえる。

しかし、その転換を果たした後の創価学会とは、もはや一閻浮提広宣流布や国立戒壇建立などといった、宗教的価値観をよくも悪くも前面に出す宗教団体ではなくなっていた。そこに生まれたのは、「世界にその平和思想を評価されるリベラル文化人、池田大作先生」という、池田個人のカリスマ性を究極までに高め、言ってみればそうした個人崇拝の上に組織をまとめる団体の姿だった。

そういう１９７０年代以降の池田および創価学会に対しては、例えば反学会の立場をとる宗教団体などから、「本来の宗教精神を忘却した、単なる『池田教』である」といった批判が出ていた。一般からも、自身のカリスマ性を高めるために海外からの勲章類をもらい集める池田の姿を、「悪しき天才、巨大な俗物」（石原慎太郎『週刊文春』１９９９年３月25日号）といった感じで指弾する声が多々あった。もちろん、そうした批判には当を得た部分も確かにあったわけだが、しかし池田からすれば、破綻に瀕した教団を何とか再浮上させるために、あえて俗物的な道化を演じ切ってみせた結果だったのかもしれないのだ。

そして、いかに最初は周恩来に利用された結果だったとしても、海外に飛び、そこで要人と丁々発止のやりとりをするには、池田側にもそれなりの「人間力」が必要だったろう。池田には確かに、世界に通じる勝負強さ、陽気さ、計算高さというものがあった。それは評価すべき点である。

池田は昔から、虚言家、俗物といった批判を数限りなく浴びてきた人物だが、同時に教団外の文化人などから、「あれは人物だ」といった評価を得てきた男でもある。作家の吉川英治、松本清張、またパナソニック創業者の松下幸之助などがその代表で、現在でも池田ファンを公言する有名人、文化人などは多い。もちろん、そういう外部の池田ファンについては、「あれは創価学会から金をもらって褒めているだけ」などという批判もある。一部にはそうした例があるのかもしれないが、松下幸之助など、創価学会から金などもらう必要がない人にも池田ファンはいる。また松本清張は雑誌『文藝春秋』1968年2月号で行った池田との対談で、「(引用者注・池田は)遇ってみると人なつこい青年である。今年、満四十歳。壮年だが、いまだ青年の印象をうけるのは、明るい童顔と、生一本な話ぶりのせいだろう」などと書いている。創価学会のお手盛りメディアでもないところでこう評しているのだ。

〝人間・池田大作〟に、何らかの人間的魅力があったことは間違いがないだろう。だからこそ、彼は創価学会を日本最大の新宗教団体に育て上げることができた。そして、その池田の魅力とは、神秘的な宗教パワーのようなものではなかった。それは徹頭徹尾、「会ってみたら何だかいい奴だ」といった、現場力のようなものだったのである。だからこそ彼は生涯かけて、超人的な勢いで世界中を駆け回った。

一方で、ある意味ではそれが、彼が晩年の13年間、命がありながら表に出てくることができなくなった理由の一つであろう。高齢による心身の不調が彼の現場力を奪ったとき、彼はまさに、公の場に出ても意味がない存在になってしまったのではないか。そして、そういうカリスマに頼り切ってきた創価学会に、池田の後継者はいない。

池田の死を伝えた2023年11月19日付『聖教新聞』の見出しは、「池田大作先生が霊山へ」というものだった。霊山とは、法華経が説く理想郷のことである。池田はいま、その霊山にて、ひたすらにその現場力で走り抜けた自らの生涯をどう総括しているのだろうか。

第4章　「池田ファンクラブ」への変質

極めて排他的で過激な宗教

ＪＲ東海道新幹線の新富士駅からバスで１時間前後の静岡県富士宮市上条に大石寺がある。創価学会が１９３０年に発足した当初、上部団体として仰いでいた教団、日蓮正宗の総本山だ。

もっとも、創価学会は１９９１年、日蓮正宗から組織として破門されてしまっている。現状ではまさに絶縁状態としか言いようがない。ただし、「創価学会とは何か」を考える際、日蓮正宗の存在は、避けて通ることができない。そこで本章では、まずこの日蓮正宗の来歴について紹介してみたい。

鎌倉時代の僧侶・日蓮が開いた仏教宗派・日蓮宗は、よく知られるように、山梨県の身延山久遠寺《みのぶさんくおんじ》を総本山とし、現在でも日本を代表する伝統仏教宗派のひとつとして活動している。

しかし、日蓮正宗は一般によく知られる「普通の日蓮宗」とは、かなり毛色を異にする宗教団体である。戦前の大日本帝国政府はしばしば宗教統制のような政策を行い、特に密教なら密教、禅なら禅といったふうに、似通った教義内容を持つ仏教宗派の統合を推奨していた。しかし日蓮正宗はそうした流れに抗し、自分たちを独立した存在として定義し続けた。つまり日蓮正宗側自身が、「われわれは、普通の日蓮宗とは異なる」という自意識を強固に持っていたのである。

日蓮正宗の特殊性は、おおむね次の3点に集約される。

まず、日蓮には「六老僧」と呼ばれる6人の高弟がいたのだが、日蓮正宗はこの6人のうちの、日興という僧侶の系譜に位置する。そして、日蓮正宗では、日蓮の正しい教えは日興だけに伝わっているという主張をしている。つまり、身延の久遠寺を本山とする一般的な日蓮宗など、日蓮正宗にとっては日蓮系仏教の名を騙るまがい物でしかないのだ。

同じ日蓮系の仏教に対してすらそういう態度なわけだから、日蓮正宗にとって禅や念仏、またキリスト教などの他宗派、他宗教は、十把一絡げに邪宗、邪教である。「自分たちの教えのみが正しく、ほかの宗教は全部ウソ、ニセモノ」というのが、日蓮正宗の基本的なスタンスである。

次に、日蓮正宗では日蓮を「末法の本仏」とする。末法というのは、正法（仏教が正しく伝わる時代）、像法（正しい仏教がややかげってくる時代）を経て訪れる、正しい仏教の悟りが失われた時代のことである。日本では平安時代末期からこの末法の時代に入ったと考えられており、その限界を突破するために、日蓮をはじめとした、いわゆる鎌倉新仏教の開祖たちが現れてくることになる。

そして本仏とは、「最も重要な仏」といった意味の言葉だが、日蓮正宗では末法の時代における本仏を、日蓮その人とする。すなわち日蓮正宗にとって末法の時代に、日蓮は、仏教の開祖である釈迦よりも上位に位置付けられる存在なのだ。これは、「自分の宗派の開祖は釈迦より偉い」と言っているわけで、数ある仏教宗派のなかでもかなり特殊な主張である。

そしてさらに特異な点として挙げるべきが、「板曼荼羅《いたまんだら》崇拝」だ。日蓮正宗総本山・大石寺には、日蓮が1279年（弘安2年）に制作したとされる、「南無妙法蓮華経」などの文字を彫り付けた木の板（板曼荼羅）が安置されている。これを日蓮正宗では「日蓮大聖人の出世のご本懐たる弘安二年の大御本尊」などと称し、何よりも尊い崇拝対象としている。

もっとも、日蓮系各仏教宗派のなかで、仏像よりも日蓮の書いた「南無妙法蓮華経」の文字（「大曼荼羅」などと呼ばれ、いろいろなところに多数実在する）を大切に拝む風潮は広く存在してきた。しかしそれでも、「大石寺にある板曼荼羅だけが唯一無二の価値を持つ」

などといった主張は、相当特異なものといっていい。

この「日蓮正宗の3つの教義的特徴」だが、日蓮系各仏教宗派のなかでも、ほとんど日蓮正宗のみが唱えてきたことで、一般的な日蓮宗などでは採用されていない。そしてこの3つの日蓮正宗の特徴だけを見ても、極めて排他的で過激な宗教であることがうかがえる。

牧口常三郎が説いた「価値論」

すでに本書では、1960年代ごろまでの創価学会が、「一閻浮提広宣流布、王仏冥合、国立戒壇建立」といった政教一致路線を掲げて活動していたことを紹介した。これらの主張自体は日蓮自身が生前、確かにそういう話をしていた事柄ではあった。しかし、多くの日蓮系仏教各派は、時代が下るにつれて穏健化し、過激な政教一致路線の推進などは、そう声高には主張しないようになっていった。けれども日蓮正宗は、そうしたいわば日蓮原理主義的な姿勢を近代に至ってまで叫んでいた団体だった。

ただし、日蓮正宗はそうした特殊な団体だったため、あまり多くの信者を獲得することには成功していなかった。江戸時代くらいまでは、ほとんど総本山・大石寺のある富士山周辺にしか寺もないような、かなり小規模な教団だった（宗教学者の島田裕巳は著書『創価学会』のなかで、「昭和初期の段階で、日蓮正宗はわずか五十カ寺程度の末寺をかかえる弱小教団にすぎなかった」と書いている)。

しかし、そんな日蓮正宗の前に運命の人物が現れる。創価学会初代会長にして創設者の牧口常三郎だ。

牧口常三郎とは宗教家であると同時に、教育者、教育学者としての顔もかなり色濃く持ち合わせていた人間だった。生前の彼がよく説いていたものに「価値論」、すなわち人生において価値のあることとは何なのかという問題があって、そこから「価値を創造する=創価」という言葉が生まれてくるわけである。なお、この牧口の価値論は、明らかにカント哲学からの影響が見て取れるもので、いま残っている牧口の価値論に関する文章などを読んでも、宗教者の書いた本というより、難解な哲学書といったおもむきのほうが強い。

終戦後、そんな牧口の創価学会をゼロから再建することになる戸田城聖は、創価学会のあり方を大きく変えた。戸田は牧口常三郎の側近であり、創価教育学会をさまざまに支えてきた人物ではあったが、教育学者というより実業家肌で、つまりは物質面、経済面で牧口を支えていた。しかし、戸田の実業家としての手腕は戦後の社会ではうまく通用しない部分があり、やがて彼は「教団指導業」に転身していった。戸田が「創価教育学会」を

「創価学会」に改称したのは、１９４６年のことだ。

牧口時代の創価教育学会を知る人々が戦後になって、「今の創価学会では価値論ではなく、法華経の講義を中心に活動しているそうだ」と、いささか驚きを持って受け止めたという話もあったらしく、それくらい、戸田は創価学会のあり方を変えた。

戸田は、１９５０年ごろの段階で会員数が数千世帯程度の規模だった創価学会を、死去の前年である１９５７年までに、75万世帯に増大させた。その後の創価学会側の公式な発表などを追っていくと、１９５８年の11月段階で１００万世帯、１９６０年に１３０万世帯、１９６３年に３６０万世帯、１９７０年に７５０万世帯、２００５年に８２７万世帯となり、現在に至っている。これは、すさまじい伸び方ではある。

創価学会はなぜ会員数を「世帯」で数えるのか？

しかし、ここである疑問が生じる。なぜ、創価学会は会員数を「世帯」で数えるのか。

例えば現在、幸福の科学は１１００万人の信者がいるとうたい、神社本庁（全国の神社の統括組織）は７８３７万人の信者を擁しているとしている。これらもあくまで公称の数字であって、本当にそんな数の信者がいるのかどうかはわからない。ただ、新宗教であれ伝統宗教であれ、信者数は人数で表すのが一般的で、創価学会のように世帯数で信者の規模をあらわす日本の宗教団体は少数派である。

この疑問を解くカギこそが、前述した日蓮正宗の板曼荼羅崇拝である。

日蓮正宗にとって大石寺にある板曼荼羅は、唯一無二の価値を持つ絶対的な崇拝対象である。では、一般の日蓮正宗寺院では何をまつっているのかというと、この板曼荼羅を書写したもの、平たく言うとレプリカを安置している。日蓮正宗の信徒たちも、自分たちの家の仏壇にこの板曼荼羅のレプリカを入れて拝んでいる。そして板曼荼羅の書写は、大石寺の住職にして日蓮正宗教団のトップである法主《ほっす》にしかできないこととされている。つまり、日蓮正宗の信者になると、その人は近所の仏具店や仏壇屋から適当な仏像などを購入して家に置いておけばいいというわけではなく、総本山・大石寺からの本尊下付という手続きを経なければならない。この「大石寺の法主のみができる板曼荼羅の書写」と「日蓮正宗を信じる者ならば、板曼荼羅のレプリカを持っていなければならない」というのが、創価学会の数的拡大の背景を読んでいく上での、ちょっとしたポイントになる。

前述したとおり、現在の創価学会は日蓮正宗から破門されており、両者はまったくの断絶状態だ。ただ、この創価学会と日蓮正宗の軋轢は、基本的には池田大作が創価学会の第

３代会長に就任した後に発生した出来事である。戸田城聖時代の創価学会は、原則的に日蓮正宗と極めて親密だった。しかしそれでも、創価学会が１９５２年に宗教法人格を取得した際には、日蓮正宗側から一定の疑念が巻き起こったのだという。

　創価学会はもともと日蓮正宗の信者団体、下部組織として発足した団体であり、その形は１９９１年まで続いていた。こうした団体のあり方について近年では珍しいものであると受け止める人もいるが、どこかの宗教団体に付属する信者団体、下部組織という存在それ自体は、決して不思議なものではない。例えば江戸時代には、ある有名な神社仏閣を崇敬しているのだが、遠隔地で容易には行きづらいという人々が集まってつくる「代参講」があり、構成員で金を積み立てて、その講の代表者に参拝してもらうという組織が多数存在していた。富士山信仰にまつわる富士講や、伊勢神宮に関係する伊勢講などがその代表的なものである。これらは信者たちによる自主的な組織だったが、崇拝対象とする寺社との結びつきは強かった。また、現在でも有名な神社仏閣の周辺住民らによって組織される「〇〇祭実行委員会」などといった組織も、一つの宗教団体の信者団体、下部組織として位置づけられよう。

　しかし、そうした一つの宗教団体の下部組織が独自の宗教法人格を持つに至る例は決して多くはない。なのに戸田城聖が創価学会として宗教法人格の取得を目指したのは、ある種の実業家としての嗅覚によるものだったのだろう。しかしこのとき、日蓮正宗側からは、「わが教団の下部団体に過ぎない組織が、なぜそんなことをする必要があるのか」との疑念の声が上がったという。当時の状況を記した『新・人間革命』第27巻「正義」の章によると、日蓮正宗は戸田に対し、「折伏した人は信徒として各寺院に所属させること」「当山の教義を守ること」「三宝（仏・法・僧）を守ること」の3条件を提示し、同意させたうえで、創価学会が宗教法人となることを許したという。

つまり、1991年の破門以前の創価学会員とは、少なくとも名簿上は、どこかの日蓮正宗寺院の檀家だったのである。となると、個々の創価学会員たちは当然、大石寺法主の書写した板曼荼羅のレプリカの付与を受けなければならない。逆に「宗教法人創価学会」の立場からすれば、ひとまず大石寺の板曼荼羅のレプリカを布教対象の人間に押し付けてしまえば、それで「折伏完了」という考え方もありえた。

創価学会はまさに戸田城聖時代に始められた折伏大行進のなかで、大石寺の板曼荼羅の書写（レプリカ）の、それをさらに印刷したものを「われわれの本尊」として、布教対象者に配っていた。もちろん、戦後における創価学会の急拡大ぶりはすさまじいものだったので、印刷した本尊であっても、配らないことには組織が回らなかったという側面はあろう。しかし、こうした事情が創価学会の折伏（布教活動）を、「ただ印刷した本尊レプリカを人に渡せばそれでいい」という短絡的な布教活動にしてしまった面もあったようである。

インターネット上のニュースサイト「デイリー新潮」は２０１７年５月３日に掲載した「創価学会を巨大化させた『折伏大行進』の陰」という記事のなかで、戸田時代の創価学会の折伏活動の実態に関し、組織が個々の会員たちに課していたノルマの厳しさを紹介したうえで、次のように書いている。

当時の学会では、日蓮正宗の寺院で御本尊を受け取ることで、入信したとみなされた。ノルマが達成できず困り果てたある信者は、友人信者同伴で、紹介者に連れられた新規入信者を装って寺に行き、日を置いて、今度は自分がその友人信者を折伏したと称して寺に連れて行くということも。信者が互いに二重入信することで、折伏成績を稼いでいたのである。

また同記事では、創価学会の元教団職員・原島昭の証言として、こんな話も紹介する。

「地区部長と地区員たちが上野の浮浪者を連れてくる。きれいな衣類を与えて床屋に行かせ、寺で御本尊を受けさせて入信させる。でも窮屈な勤行をさせるので、浮浪者たちは2、3日もすると御本尊を置いたまま、みんないなくなっちゃう。それでまた、地区部長らは上野まで浮浪者を探しに行く」

つまり、創価学会を急成長させた折伏大行進の実態として、特に信仰心もないような人たちにまで板曼荼羅のレプリカを渡すような事実があったわけで、かつ、その渡された一つひとつのレプリカが、「折伏の実績」としてカウントされていたというわけだ。

また、重要なのは「当時の学会では、日蓮正宗の寺院で御本尊を受け取ることで、入信したとみなされた」という指摘である。板曼荼羅のレプリカとは、個々の日蓮正宗の檀家が仏壇のなかに収めて拝むためのものである。通常の一般家庭で、仏壇を2個、3個と持っているようなところは、基本的に存在しないと言っていいだろう。つまり、板曼荼羅のレプリカは、1世帯に1つ渡せばいいのであって、それで「入信した」とみなされた。だから創価学会はその会員数について、個別の人数ではなく世帯数で表現するわけである。

この戸田の過激かつ無軌道な教団拡大戦略、折伏大行進は、池田大作の時代にも引き継がれ、池田は生前の戸田が達成した会員数75万世帯という数字を、第３代会長就任から十数年で、その10倍の７５０万世帯にした。

そういう意味で戸田城聖とは、ベンチャー企業の世界などでよく言われる、「ゼロイチ」の人物であろう。つまり、無から有をつくり出す才能を持った人だったということだ。そして一方の池田とは、「イチジュウ」の人、つまり１を10にするような、すでに基盤のある組織を拡大する才のあった人だったのだろう。この２人がかみ合ってこそ、現在の巨大な創価学会が成立したのである。

しかし現在、ヤフーオークションやメルカリなど、インターネット上のオークション、フリーマーケットサイトで検索してみると、創価学会の本尊（板曼荼羅の印刷レプリカ）がかなりの数、販売されている実態がある。恐らくは、特に興味もないのに押し付けられた物の末路なのであろう。ただ、そうしたネット空間で値札をつけられ、さらされているものもまた、「創価学会員が１世帯増えた証」として、学会には認識されていたものだったのだろうと思うと、いささかの寂しさと滑稽さを感じざるをえない。

正本堂建立の意味とは？

前章で、１９７０年前後に起こった創価学会の言論出版妨害事件について取り上げ、これが池田大作にとって非常に大きな転機になったことを説明した。この言論出版妨害事件とは、外部の文化人や政界との関係性のなかで起こった出来事だったのだが、まったく同じころ池田大作および創価学会は、宗教的な問題においても大きな課題に直面していた。

日蓮正宗総本山・大石寺境内に、かつて正本堂《しょうほんどう》という施設が存在していた。１９６７年に着工、１９７２年に完成している。延べ床面積3万５１５５平方メートル、高さ66メートルという巨大な建物で、主に創価学会員たちからの寄付金によって建立された。

この正本堂なる建物を創価学会として建てる意味合いについて、池田大作は１９６４年の本部総会でこう語っている。

正本堂建立のことについては、会長講演集第四巻に、私が総務のときに、すでに述べさせていただいているとおりでございます。恩師戸田先生が、大客殿の建立が終わったならば、ひきつづいて、すぐに正本堂の建立をしなさい。すなわち、世界の建築の粋を

集めて、一閻浮提総与の大御本尊様をご安置申し上げる正本堂を建立しなさいとの遺言がございました。（中略）

その正本堂の費用について、恩師が申されたことは「三十億円の資金をもってしなさい」このようにも、回りの人にたびたび申されました。したがって、三十億円の御供養をば、もう一回、皆さん方のご協力を得て行ないたいのです。

（『会長講演集』第11巻）

これだけを読むと、単に大石寺にある板曼荼羅を安置するための新しい建物をつくるというのがその目的だったように見える。しかし、この建物の意味付けはすぐ、大がかりなものになっていく。

創価学会系の言論サイト「WEB第三文明」が2022年10月5日に掲載したライター・松田明の記事「宗教と政治をめぐるデマ――田中智学が唱えた『国立戒壇』論」では次のように報じている。

公明党結党より半年前の64年5月の創価学会本部総会で、池田会長は日蓮正宗総本山への「正本堂」建立寄進を提案している。この「正本堂」という名称は宗門（引用者注・日蓮正宗）の65世・日淳法主が用いたもので、生前の戸田会長とその構想を語り合っていた。

これに対し、翌1965年2月の第1回正本堂建設委員会で、66世・日達法主（引用者注・当時の大石寺法主・細井日達）から「正本堂」こそが広宣流布の暁に戒壇堂になるという見解が示された。宗門機関誌『大日蓮』（65年3月号）は、

> 正本堂建立が実質的に戒旦建立と同じ意義であるという、日蓮正宗の奥儀にわたる重大なお言葉があった（原文ママ）

と報じている。同年9月、「正本堂」建立の供養を集めた際、やはり宗門は、

> 正本堂建立は、実質的な戒壇建立であり、広宣流布の達成である（御供養趣意書）

と信徒に呼びかけた。

この文言は、明らかに「これから建つ正本堂は、一閻浮提広宣流布、王仏冥合の末に建立されるべき、国立戒壇（本門の戒壇）です」という意味である。また、創価学会青年部が1991年に発行した『「正本堂問題」の真実　その経過と本質を明かす』という本に載っている阿部日顕（細井日達の後任の大石寺法主）の言葉によれば、当時こんなやり取りがあったそうだ。

しかし、正本堂の建立において日達上人が池田名誉会長に対して「会長、もう広宣流布だな」と、ある時、おっしゃった。それを受けて池田名誉会長は「もう広宣流布なのだ」と、いわゆる「本門戒壇建立の時なのだ」と信じた（昭和四十三年十月、正本堂建立着工式の挨拶）のであります。

つまり、創価学会も日蓮正宗も、急拡大する学会組織の状況を見て「広宣流布の達成は近い」と感じ、その先にある国立戒壇の建立に突き進んだということなのだろう。

ただもちろん、国立戒壇の建立とは原義的に言えば、一閻浮提広宣流布の達成、すなわち世の中全体への布教を成し遂げた後、影響下に置いた国家権力に自分たちの宗教施設を作らせることを指す。民間の宗教団体である創価学会と日蓮正宗が、自分たちの寺の境内に勝手に建物を建てて何が国立戒壇なんだという意見は日蓮正宗の内部からもあり、創価学会と同じ日蓮正宗の信者団体だった妙信講が、その論点から激しい批判の声を上げた。もっとも、そうしたイザコザから妙信講は1974年に日蓮正宗から破門される。

余談だが、以後、妙信講は顕正会と名を変え、極めて激しく暴力的な折伏活動を今なお行い続けている。公安調査庁が国内外のテロ組織について分析・紹介するレポート『内外情勢の回顧と展望』(2006年版)には、名指しは避けながらも「特異集団」としてその活動が報告されており、現在でも原理主義的な路線をひた走っている。

さて、創価学会と日蓮正宗は1967年から、勇んで「国立戒壇たる正本堂」の建設に乗り出した。しかし、そこにとんでもない爆弾が放り込まれることになる。前章で紹介した言論出版妨害事件である。これによって池田は政教分離路線を余儀なくされ、以後創価学会として「国立戒壇」という言葉は使わないと明言するに至る。

しかしそうなると、1972年に完成した正本堂とは、いったい何のための建物だったのか。池田は一応、その建設計画が持ち上がったころから正本堂について、国立ならぬ「民衆立」という言葉を多々用い、創価学会の会員たる民衆たちで作り上げる偉大な成果が、この正本堂なのだと説明していた。ゆえに、完成した正本堂が「国立戒壇」でなくてもいいのだと、その完成後に語った。しかし、歯切れの悪さは否めない。正本堂それ自体は1998年に解体され、理由としては耐震強度の不足といったことが挙げられていた。ただ、日蓮正宗側としても、正直なところ持て余していたのではないか。

集まった355億円の寄付金

ただし、転んでもただでは起きないのが池田大作だ。この正本堂での経験は、意外な形で池田大作と創価学会に、新しい局面をもたらすことになる。

当初、正本堂を建てるための費用は30億円と見積もられていたが、ふたを開けてみると、びっくりするような寄付金が集まった。何と800万人もの人々から、355億円が集まったのだ。大卒者の初任給が2万円ほどだった時代である。

そもそもの目標が30億円だったのだから、この結果には創価学会側もかなり驚いたらしい。そして、この集まった莫大な金額に対応するように、正本堂の建設計画も豪華なものに成り代わっていく。何しろこの時期、創価学会の会員数は倍々ゲームのように増え、公明党の結成で衆議院にも足がかりをつくり、まさに創価学会は向かうところ敵なしという ような状況である。そういうなかで、明らかに国立戒壇と思われる施設を建てるための「最後のご供養を」などと池田に呼びかけられたのだから、全国の創価学会員も発奮したのだろう。

創価学会の主な収入源とは、『聖教新聞』などの機関紙類の購読料と、「財務」と呼ばれる、会員たちからの直接の寄付金である。しかしながら、創価学会員たちの多くは、池田がしばしば「かつて学会は『貧乏人と病人の集まり』と侮蔑された」（1988年7月26日、本部幹部会）などと語っていたように、社会の低層に位置する人々が多く、当初は財務を強いるような組織体質ではなかった。むしろ当時の創価学会内において、「財務部員」という特別な肩書を与えられた人々にしか財務は行えず、会員の誰もが組織に金を寄付することは出来なかったのである。

実際、元公明党の都議会議員だった藤原行正は、著書『池田大作の素顔』のなかで、かつての学会の財務のあり方について、こう書いている。

たとえば池田体制二年目の昭和三十七年時点でも、創価学会には「財務を出していい人」と「財務を出してはいけない人」の規定がきちんと定められていたのである。その財務部員の規定は次のような内容だった。

《資格　毎年一月から二月にかけ、口頭で所属支部に申し出、支部長、地区部長の審査をうけ資格ありとしたものがなれる。

審査基準　戸田会長のいう「いつでも千円くらいの金を用だてられる」程度のゆとりのある人で、信心が強く、学会の目的について完全な理解をもつ会員である。

審査方法　家族状況の調査（これはブロックの班長などがよく知っているから実際には簡単に行う）本人の面接（支部長・地区部長が行う）

こうした審査の結果、家計上無理がある場合は申し出を拒否する。

任命　本部から任命を受け、財務部員の証明として、鉛色の鶴丸に金で縁どったバッジが貸与される。

負担　年間四千円以上、一括でも分割でもよい》

創価学会の、特に戦後初期の信者たちが「貧乏人と病人の集まり」だったのは、おおむね事実である。大阪市立大学名誉教授の谷富夫は、『聖教新聞』に載る会員たちの信仰体験レポートから彼らの入会の動機を分類、整理したところ、1954年までに入会した人々の60・0%が「経済的入会」、すなわち「経済的貧困が原因で入会」した人々だとし、同じく30・0%が「身体的入会」、すなわち「入会者自身の病気や身体障害などが原因で入会」した人々だったとしている。これが1955〜1959年に入会した人々の数値で見ても、経済的入会が51・6%、身体的入会が36・1%である。1960〜1964年の数値でも、経済的入会が32・9%、身体的入会が25・0%となっている(谷著『聖なるものの持続と変容　社会学的理解をめざして』所収「創価学会をめぐる人間類型」より)。

ただし、池田大作は正本堂建立を経て、そういう組織からでも金は集めれば集まることに気付いてしまったのだ。

「財務」の強化と日蓮正宗からの要求

財務の状況は、正本堂の建立を機にガラリと変わった。ジャーナリストの段勲が雑誌『FORUM21』2003年9月15日号に執筆した記事によると、こうだ。

(引用者注・創価学会は)1965年、〝最初で最後のご供養〟をうたい文句に、信者を叱咤激励して「正本堂」ご供養金、350億円強を集めた〝大寄進〟を皮切りに、数年の間をおいて、会館建設目的の「特別財務」をスタートさせた。金集めの暴走である。

さらには70年代後半に入ると、

「功徳があるんだから。大功徳があるんだから」(内部資料)

という、池田氏の発声で、年度行事である「1口、1万円以上何口でも」という、銀行口座振り込み方式による「財務」納金が恒例化した。

この財務は1990年代の全盛期で年間3000億円近くあり、現在でも1000億円はくだらないらしい。創価学会の収支などは公表されていないが、これと公称550万部にして月額1934円の『聖教新聞』の購読料(単純計算で年間約1276億円の収入)が、学会の収入の基本的な柱である。

なお、段勲が指摘する「会館建設目的の『特別財務』」とは、全国各地に建っている「創価学会○○平和会館」といった、あの建物である。創価学会は対外的に、そのような施設がどこにどれだけあるといった一覧表を示していないので詳しいところは不明だが、全国に千数百ほどはあるのではないかと推測されている。一方、日蓮正宗とはもともと、富士山周辺にしかあまり拠点を持っていなかった宗教団体だったとはすでに書いた。そのため、特に戦後、急速に伸びる信者団体・創価学会に対して、日蓮正宗は寺院を建立して寄進するよう求めていた。もちろんこの要請に創価学会は応じ、最終的に356カ所の寺を寄進しているのだが、日蓮正宗側から見れば特に正本堂建立以降、創価学会は寺院の寄進をないがしろにし、自分たちの会館建立のみに邁進しているように見えた。

片や池田および創価学会の側には、「日蓮正宗は自分たちからの寄進の上にあぐらをかいているだけの存在ではないか」という不満が、むくむくと湧き上がっていった。

池田と日蓮正宗との間に亀裂

そんななかで事件が起こる。1977年1月15日に、池田大作が創価学会の教学部大会で行った講演の内容が、日蓮正宗から問題視されたのだ。特に日蓮正宗側が批判した池田の発言は、以下のようなものだった。

しかし、その仏教も、時代を経るにつれて、在家の供養で支えられた僧院のなかで、学問的に語られるにすぎないものとなっていくのであります。その結果、出家僧侶を中心とする一部のエリートたちの独占物となっていったことは、皆さんもよくご承知のところでしょう。（中略）

寺院を伽藍と称するのは、僧の集まりをサンガ、その修行者の集まる建物をサンガランといったところからきております。したがって、寺院は「修行者の集まる場所」という意味を本来もっているのであります。

寺院を別名「道場」ともいうのは、その意味からであります。儀式だけを行い、わが身の研鑽もしない、大衆のなかへ入って布教をするわけでもない既成の寺院の姿は、修行者の集まる場所でもなければ、ましてや道場であるわけは絶対にない。仏法を心から信ずる人々が喜々として集まり、そこで真摯に研鑽しあい、社会へ仏法の精神を拡大していく拠点であってこそ、初めて道場の名に値するのであり、法華経に「当詣《とうけい》道場」とあるように、仏界湧現の場ともなっていくのであります。

（『広布第二章の指針』第９集）

細井日達

日蓮正宗はこうした池田の発言を、信者団体の立場から僧侶らを批判した不遜なものだとし、創価学会を糾弾する。また当時、創価学会内部で池田を「久遠の師」と呼ぶ風潮が現れ、また『人間革命』が「現代の御書」などとされていた状況があり、日蓮正宗はそれ以前から池田、創価学会の行動に神経をとがらせていた。

またそのころ、日蓮正宗が池田らに与えていた板曼荼羅のレプリカを元にして、創価学会が無断でさらにレプリカを作っていた疑惑なども持ち上がった（本尊模刻事件）。さすがに旗色の悪くなった池田は1979年4月24日、創価学会の会長職を辞任する。池田は新設した名誉会長職に退き、新しい創価学会の会長には、創価学会で理事長職を務めていた北条浩が就任した。

この池田の屈服を見て、大石寺法主・細井日達は一連の問題の収束を宣言する。第1次宗門事件などと呼ばれる紛争は、これで幕を閉じた。創価学会側の敗北といっていい出来事だった。

池田を切り崩す「C作戦」

しかし、池田の運の強さには驚かされる。その第1次宗門事件終了直後の1979年7月22日、大石寺法主の細井日達が死去するのである。

細井日達の後継法主は、阿部日顕である。実は細井は生前、自分の後継者を誰にするのか、明確に周囲に語っていなかった。一応、阿部はそれまで日蓮正宗の要職を歴任してきた高僧で、自分は生前の細井から血脈相承《けちみゃくそうしょう》（教えの継承）を受けていたと称していたものの、信用していない関係者が多く、阿部の日蓮正宗内での立ち位置は不安定なものだった。そこに池田は接近した。創価学会として、阿部の大石寺法主継承を支持する姿勢を見せたのである。宗門に屈服したとはいえ、池田は巨大な日蓮正宗の信者団体を率いるカリスマである。そこからの支持を取り付けたことは、阿部の日蓮正宗

阿部日顕

内での基盤を確実に強固にするものだった。

池田は第1次宗門事件の際に、法華講総講頭、すなわちあらゆる日蓮正宗系信者団体のトップの地位から降りていたが、1984年、阿部体制の日蓮正宗によって、その法華講総講頭に復帰する。再び、創価学会と日蓮正宗の間には蜜月が訪れたように見えた。

しかし、結局この〝短い平和な時間〟は、池田と阿部の利害がたまたま一致したがゆえのはかないものだった。何より両者は、人間的にウマが合わなかったようなのである。

創価学会側の資料ではあるが、創価学会系の出版社・鳳書院が出した青山樹人著『宗教はだれのものか』によれば、阿部は心中では池田に対して以下のような思いを抱いていたのだという。


池田先生の仏法者としての世界的な活動を、苦々しい思いで見ていた人物がいた。日蓮正宗法主（当時）の阿部日顕だ。

自宗の信徒の代表が世界に貢献し、称賛されている。本来なら最も喜び讃え、最も感謝しなければならないのが日顕の立場だ。

しかし、日顕は何も嬉しくない。

自分は〝御法主上人猊下《ごほっすしょうにんげいか》〟であり、ＳＧＩ会長は信徒だ――。だが、ＳＧＩ会長である池田先生と世界の学会員は深く強い絆で結ばれている。皆が池田先生を敬愛している。自分にあるのは盗み取った〝法主〟の権威だけ。その権威すら、宗内から地位不存在の訴訟を起こされ、当然ながら、反論もまったくおぼつかない。

自分は折伏もできない。ただの一度も命を削る思いで誰かを励ましたことなどない。世界どころか日本国内のどんな識者からも相手にされない。会ったところで話す言葉も教養も持ち合わせていない。

もとはといえば、何の資質もない人間が、盗み取った法主の座に居座っているのだ。僧俗の「上下」を執拗に強調し、〝衣の権威〟で一〇〇〇万信徒を見下してみたところで、偉ぶれば偉ぶるほど、自分の卑小さを嗤《わら》われている気がする。日顕は、池田先生に嫉妬を募らせていく。

そういう阿部が創価学会に対して企んだのが、「C作戦」と呼ばれるものだ。Cとは「カット」のことである。つまり池田大作を創価学会から切り離してしまえば、学会は核を失って瓦解する。そして阿部はそうしてガタガタになった創価学会のなかから「20万人が山（大石寺）につけばいい」などとも語っていたのだという。

１９９０年12月27日、日蓮正宗は、教団の規約変更に伴って法華講総講頭に任期制を導入したので、この時点で池田は同職から外れたと一方的に発表した。なおこの年は、創価学会側も日蓮正宗に対し、僧侶たちのぜいたくな生活を何とかしたほうがいいのではないか、などと苦言を呈したり、また日蓮正宗側が、最近の池田に同宗の教義をないがしろにするような言動があったなどといった、丁々発止を繰り広げていたところで、再びの戦いの勃発を多くの関係者が予想していた。

創価学会側は、この第2次宗門事件について、「卑劣な日蓮正宗がC作戦という一方的な奇襲攻撃を仕掛けてきた出来事」であるように各所で説明している。だが、その割には年が明けての１９９１年からの反撃は素早く、また整然としすぎていた。

実際、創価学会は元旦に早速、前年日蓮正宗から問われた池田が教義をないがしろにしたという指摘について回答している。3月には阿部が東京都内に極秘で豪邸を建てる計画を進めていたといった話が出回った。もちろん、日蓮正宗側も反創価学会の立場に立つジャーナリストや雑誌メディアなどに近づいて、学会攻撃の記事などを大量に書かせているのだが、創価学会側もまた対抗して多くのメディアを巻き込み、日蓮正宗攻撃を展開した。

奇襲攻撃を受けた側にしては、一歩も引かぬ応戦ぶりを見せた。

阿部は最終的な着地点として、宗教法人創価学会の責任役員の過半数を僧侶とすること、また創価学会の海外組織は日蓮正宗の直接の指導に従うことなどといった要求をのませ、この第２次宗門事件を勝ち抜くつもりだったようだが、そのようなことができる状況ではまったくなくなっていた。１９９１年11月28日、日蓮正宗は創価学会を組織として破門するが、これはもう教団としての破れかぶれの行動でしかなく、日蓮正宗は90％以上の信者を失い、地方の小さな宗派に逆戻りして、今に至る。

しかし、この創価学会vs.日蓮正宗の戦いは、その後もなかなかやまなかった。１９９２年11月には、創価学会の機関紙『創価新報』に、阿部日顕が芸者に囲まれて遊んでいるような写真が掲載され、創価学会はその阿部の人間性を激しく批判した。また同年、アメリカ合衆国在住の創価学会員ヒロエ・クロウなる人物が、「阿部日顕がかつてアメリカに出張した際、現地の売春婦と、その料金をめぐってトラブルになったことがある」などと言い出し、これもまた創価学会の機関紙などで大々的に報じられることとなった（クロウ事件）。

この２つの〝事件〟について、日蓮正宗側は名誉棄損であるなどとして裁判所に提訴した。そして、芸者写真の問題については捏造であることが裁判所によって認定され、クロウ事件に関しては「創価学会は今後、クロウ事件について報道しない」などを条件に和解となった。ただ、このエピソードからわかるのは、破門後も創価学会側が日蓮正宗への攻撃を止めなかったことである。

一方で日蓮正宗側もまた、破門後の創価学会を攻め立て続けた。特筆すべきは、創価学会の元顧問弁護士で、池田大作の側近だった山崎正友を日蓮正宗側が味方につけたことだ。1980年にすでに創価学会を離れていた山崎は、確かに学会の汚れ仕事に従事し、池田大作の裏の顔を知っている男だった。そして、山崎はそれをネタに創価学会を恐喝し、逆に逮捕されて1993年まで刑務所に入っていた。日蓮正宗はそんな男を側において、創価学会、池田大作攻撃にひた走ったのだ。

山崎は、「公明党は選挙の不在者投票制度を利用して、有権者の替え玉投票を行っている」などと吹聴し、『懺悔の告発　私だけが知っている池田大作・創価学会の正体と陰謀』（日新報道、1994年刊）を発行している。また、1996年に週刊誌『週刊新潮』が、北海道の女性創価学会員が池田に暴行されたとする記事を載せたことがあるのだが、そのバックにも山崎がいたのではないかといわれている。

なお、この女性学会員は、問題の『週刊新潮』の記事が出た後の1996年6月に損害賠償を求めて創価学会に対する民事訴訟を起こしたものの、東京地裁は2000年に「訴権の濫用」だとして訴えを却下している。その後、2001年1月および6月に、東京高裁、最高裁がそれぞれ控訴、上告を却下して終結した。山崎正友は2008年に72歳で死去しているが、そのあたりくらいまで、この創価学会vs.日蓮正宗の泥仕合としか言いようのない抗争は延々と続いたのである。

なお、反学会的な立場をとる人々の間からは、C作戦などは実は存在せず、第1次宗門事件以降、池田は次こそ日蓮正宗を超越する機会をうかがっており、御しやすいと見た阿部をじりじりと挑発しながら、第2次宗門事件に追い込んでいったと語る向きもある。実際に元公明党衆議院議員の矢野絢也は、日蓮正宗に破門を通告されたときの創価学会の状況について、こう言っている。

だが今回は、学会側も動じなかった。「第一次宗門戦争」の反省を受けて、満を持しての再戦である。前の失敗で、こうした抗争で何より大切なのは資金力と悟ったのだろう。会員から多額の寄付を掻き集める大型財務が繰り返された。

（中略）言論出版妨害事件で政治に敗れ、「第一次宗門戦争」では宗教にも敗れた。結局、頼れるのは金だけだ。それが池田氏のたどり着いた結論だったのかもしれない。
背後の兵糧は充分にたくわえた。後は覚悟を固めるだけである。学会員一丸となって、ひたすら強気で押しまくれというのが池田氏の戦法だった。

（『私の愛した池田大作』）

また矢野は、第1次宗門宗門事件において創価学会会長職から退いた敗北の事実をも、池田は最大限に利用したと語る。

（引用者注・池田大作の）会長辞任からしばらくすると、「創価学会インタナショナル（SGI）」会長という肩書が、前面に押し出されるようになったのだ。（中略）たとえ任意団体でも、国際的な組織のトップという肩書が振りかざされれば、やはり周りの受ける印象は違う。まるで日本の創価学会会長から、世界の会長にステップアップしたかのようなイメージを植え付けた。（中略）
しかもイメージはどうあれ、公的に法人格を持つ創価学会においては、肩書は「名誉会長」というよくわからないものである。これは曖昧な肩書で、何かあっても法的に責任をとる必要がない。言論出版妨害事件のような事件が起こっても、国会に呼ばれるのは現会長であって、自分ではないと池田氏はうそぶいていた。

（同前）

ちなみに、阿部をはじめとする日蓮正宗幹部らはこの創価学会との抗争時、「日蓮正宗から破門されたら、創価学会は宗教団体としての正統性を失う。創価学会を離れて日蓮正宗の直接の信者になれば、悪いようにはしない」といった趣旨のことを創価学会員たちに呼びかけているが、応じる学会員はほとんどいなかった。

しかし、「日蓮正宗から破門されたら、創価学会は宗教団体としての正統性を失う。よって、創価学会は破門によって大ダメージを受けるはず」といった日蓮正宗サイドの見立ては、まったくおかしなものともいえない。日蓮正宗にとって、究極の価値がある崇拝対象は大石寺の板曼荼羅で、破門されたらそれを拝みに行くこともできなくなる。実際、創価学会が日蓮正宗に破門される前は、大石寺にはひっきりなしに創価学会員が訪れていた。JR東海道新幹線の新富士駅は、その参拝者たちに対応するためにできたなどという、真偽不明のウワサ話があるくらいだ。また、その板曼荼羅を書写できるのは、日蓮、日興と経て、日蓮仏教の神髄を正しく継承している大石寺法主ただ一人なのだ。大石寺と切れたら、創価学会員はこれから何を拝みながら信仰生活を送っていけばいいのか。そう考えるのは当たり前だろう。僧侶らしい、宗教的な視点からは――。

入会理由は即物的な現世利益志向

先に紹介した谷富夫の論文「創価学会をめぐる人間類型」を、再び取り上げたい。谷はこの調査で、創価学会に特に戦後の拡大期のころ入会した人々――それが第2次宗門事件当時、最も熱心な学会員だったのであるが――は、おおむね経済的、身体的理由で信者になったと分析した。一方で谷は、「教理的入会」、すなわち「創価学会＝日蓮正宗の思想や教義への関心から入会」する行動をとった人の数も調べているのだが、これが何と1954年以前でゼロ。1955〜1959年が3・1％、1960〜1964年でも7・9％といった数字でしかないのだ。つまり、少なくともこのころの創価学会員とは、かなり即物的な現世利益志向で入会しているのであって、仏教理論がどうこうといったことでは動かない人たちだったのだ。創価学会とは確かに「貧乏人と病人の集まり」ではあった。

また、それまでの創価学会員は原則的に、どこかの日蓮正宗寺院の檀家になることとされていたが、そもそも1990年代においても日蓮正宗寺院は全国に数百程度しかなく、対して創価学会員は公称で数百万世帯といった数がいた（例えば文化庁が発行する『宗教年鑑』2022年版によれば、曹洞宗は全国に1万4485カ寺を擁し、信者数は363万6144人。浄土真宗本願寺派は1万92カ寺に信者数779万4154人である。いかに創価学会員の数に対する日蓮正宗寺院が過少だったかがわかるだろう）。学会員は機械的に各日蓮正宗寺院の檀家として割り振られていたが、現実的には日蓮正宗の僧侶側で対応できず、一般的な学会員と日蓮正宗僧侶との間に、精神的紐帯のようなものは希薄だった（これが創価学会側に「日蓮正宗はたるんでいる」との不満を抱かせることにもつながっていった）。

また、それまで創価学会員は各日蓮正宗寺院の檀家だったわけだから、日蓮正宗の僧侶が創価学会員の先祖供養なども担う必要があったが、数的な問題でまともに対応できなかった。そして各日蓮正宗寺院で創価学会員たちの墓地を用意することも無理があり、創価学会は独自に戸田記念墓地公園（北海道、1977年設立）や富士桜自然墓地公園（静岡県、1980年設立）などの、会員たちのための霊園を整備していた。こうしたことも、各創価学会員と日蓮正宗の間に、大した絆が生まれないことの一因となった。

　そのようなことを前提として、創価学会は日蓮正宗に破門された後、「そもそも仏教の教義上、葬儀に僧侶を呼ぶ必要などはない」といったことを盛んに訴え出す。実際に現在では創価学会員が死去した際、特に僧侶などのプロ宗教者が呼ばれることはなく、地域の学会員たちが集まって故人を見送る、「友人葬」という葬儀のスタイルが確立されている。ある意味では、現在の一般社会に広まっている「葬式はいらない」といった主張のさきがけのようにも感じられるが、学会員たちには自然に受け入れられている。

　戸田城聖は、日蓮正宗と特にもめるようなことはしなかった人物だったが、大石寺の板曼荼羅を「幸福製造機」と呼んでいた。つまり、それを拝むと幸せが来る、と。この言い方は折伏の現場で、「板曼荼羅を拝めばお金がどんどん入ってくるし、病気もすぐに治ってしまう」などといったロジックに変化し、使われていった。

　また、牧口常三郎、戸田城聖、池田大作の3人は、強烈なカリスマ性を持ちながらも、自分自身ではシャーマン的な言動をとらなかった男たちだった。天理教の中山みき、生長の家の谷口雅春、世界救世教の岡田茂吉といった、日本の新宗教の教祖たちは、その多くが「信者の体に手を触れただけで病気を治した」などといった、神秘的エピソードがまとわりついている。しかし、創価学会の牧口、戸田、池田に、特にそのようなエピソードはない（会員の側で「池田先生に触ってもらって病気が治った」といった話をする人はいるが、組織として公式に発信している話ではない）。

元通産官僚で政治評論も行う、徳島文理大学教授の八幡和郎は、創価学会について『顧客満足度』の高い宗教」だと評し、こう言う。

> 例えば創価学会の霊園に行くと、ただお墓参りをするだけではなくて、一日中そこで楽しく過ごせるような場所として作られている。関係団体の民音（民主音楽協会）は、創価学会員向けの、質の高い音楽コンサートなどをいつも企画しています。最近では創価大学の駅伝部が強くて、やはり学会員としては、お正月からテレビで応援していて楽しいでしょう。また、今は一般の新聞でも珍しくありませんが、昔は漢字にルビがついている新聞というのは聖教新聞（創価学会の機関紙）か、あとは赤旗（日本共産党の機関紙）くらいしかなかった。創価学会として、会員たちと低い姿勢で向き合っていたということです。
>
> （『宗教問題』41号）

つまり、創価学会に入信して得られるご利益とは、「神様の思し召し」といったあいまいなものではなく、具体的に目に見える数字、実利なのだ。これが創価学会の強さの源泉である。

また創価学会としての政界進出も、それは確かに国立戒壇建立という意思で始まったことではあるのだが、地方議会からじっくり足場を組んで進めてきた話であり、議員たちは地域の住民相談などに非常に熱心だと言われる。

池田は1970年代の後半ごろから、公明党が日中国交正常化交渉のなかで一定の役割を果たせた事実をテコにし、宗教指導者としてよりも、「世界を訪ねて回る民間平和外交の旗手」の風貌を強めていく。アーノルド・トインビー、ヘンリー・キッシンジャー、ネルソン・マンデラなど、錚々たる世界の著名人と会っている。そして、そうした交流のなかで池田は、彼らに仏教的な話を強く語って聞かせるようなことをあまりしていない。正直なところ、「世界を歩く池田大作」の語り口は、一般的なリベラル系国際政治学者が口にする内容と、あまり大きな差がないのだ（無論、そうした穏当な姿勢だったからこそ、海外から各種の勲章などをもらうことができたのだろう）。しかし、そもそも「宗教的なことを求めて入会したわけではない大半の創価学会員」にとって、そんな評価はどうでもいいのである。ただ、「われわれの指導者、池田先生は格好いいなあ」と、ますますそのカリスマ性が高まっていっただけだ。奇しくも第１次宗門事件で創価学会会長から名誉会長に退いた後、池田はそういう組織のくびきから離れて、自由に海外などを飛び回ることができる環境を得て、それを最大限に利用したともいえよう。

創価学会が日蓮正宗と対峙していた１９９０年７月、池田はソビエト連邦を訪れて、最高指導者のミハイル・ゴルバチョフに会っている。

「ああいう世界をまたにかける池田先生に比べたら、阿部日顕なんて本当に小さい人物だなと思っていましたよ」

筆者はかつて、ある古参の創価学会員にそう言われたことがあるが、実際そのように感じた関係者は、当時多かったのではないか。そして池田が名誉会長に退いて以降もずっと、その後の会長は「雇われマダム」に過ぎず、池田こそが創価学会の唯一無二のカリスマであり続けた。

しかし結局、そうした池田に率いられた創価学会の姿は、「日蓮主義の仏教団体」というよりも、どんどん「われらのカリスマ、池田大作先生をたたえるファンクラブ」のようなものに化していった印象も否めない。

板曼荼羅崇拝からの脱却

創価学会は、1991年に日蓮正宗と決別したことを「魂の独立」と称している。しかし、創価学会と日蓮正宗とのもめごとは、延々たる俗っぽい権力闘争でしかなく、「俗事からの独立」ではあっても「魂の独立」とはなかなか言いえない。

その証拠に、今でも東京・信濃町の創価学会本部に安置されているのは、大石寺第64世法主・水谷日昇に1951年に書写してもらった、大石寺板曼荼羅のレプリカだ。現在、創価学会が組織として会員たちに配っている本尊も、江戸時代の大石寺第26世法主・日寛《にちかん》が書写した本尊の印刷だという。

無論、さすがにこの状況は創価学会としてもまずいとは思っていたのだろう。創価学会会長の原田稔は2014年11月8日の『聖教新聞』で「弘安2年の御本尊は受持《じゅじ》の対象にはいたしません」と述べ、板曼荼羅崇拝を創価学会としてやめる旨の発表を行った。しかし、このときすでに、創価学会は日蓮正宗から破門されて23年近くが経っていた。悠長と言うべきか、熟議を尽くしたと言うべきかはよくわからない。ただ、最も注目すべきは、その23年間、一般の創価学会員からこの板曼荼羅崇拝について、特に組織を揺るがすほどの意見は出てこなかったということだ。やはり創価学会には、よくも悪くも宗教性が希薄なのである。そして、今日も創価学会員たちは、学会の施設で、また自宅の仏壇で、大石寺の板曼荼羅のレプリカを拝み続けている。

創価学会とは宗教性が希薄な組織であってもいいというのは、ひとつの意見ではあろう。しかし、そういう組織でありながら組織がまとまってきたのは、やはりカリスマ・池田大作の存在に依っていた部分が大きい。多くの会員は特に関心を示さないかもしれないし、即効性が出る対策もないだろうが、今後の組織としての長期的な方向性を考えていくうえでは、「創価学会はこれから、どういう宗教団体として歩んでいくのか」について、明確な方向性を示すことは重要だろう。

率直に言うが、日蓮正宗から破門されて33年近くを経ながら、創価学会の教学はまだかなりの部分が日蓮正宗に依存している。前述した、板曼荼羅崇拝の問題がその代表である。そもそも、この大石寺の板曼荼羅だが、一般的な日蓮系各宗派やアカデミズムの世界では、生前の日蓮がこのようなものを制作した事実はないとされているのだ。

さらに、創価学会では日蓮のことを「日蓮大聖人」と呼称するが、これは原則として日蓮本仏論をとる日蓮正宗関係各派のみで使われる言葉である。日蓮本仏論をとらない一般的な日蓮系各宗派では、単に「日蓮聖人」としか書かない。

また「日蓮の正しい教えは日興だけに正しく伝えられた」とする、日蓮正宗の教えの根拠は「二《に》箇相承《かそうじょう》」という文書にあるとされるが、一般的な日蓮系各宗派ではその内容の真実性を認めておらず、偽書説が一般的である。しかし創価学会が２０２１年に発行した『日蓮大聖人御書全集　新版』には、この二箇相承が堂々と載っている。

このように、日蓮正宗とはよくも悪くも極めて特殊な仏教で、同じような教義を説いている他教団はあまりない。そこから「独立」するなら根本的な教義の見直しが必要なはずだが、破門以降、創価学会がそれに全力を入れて取り組んできた形跡もない。

そんな創価学会が日蓮正宗から「魂の独立」を果たしたなどと主張するのは、少々虫がよすぎると思うのは、筆者だけだろうか。

もちろん、創価学会の側もそれについては十分に意識している節がある。例えば池田大作死去直後の２０２３年11月18日に創価学会が発行した『創価学会教学要綱』（監修者は池田大作となっている）という本がある。池田の死去にぶつけるように出たのはたまたまだろうが、同書の刊行委員会は巻頭の「発刊にあたって」という文章において、日蓮正宗からの破門などを前提とし、その日蓮正宗の教義内容も検討しながら、「その課題に対する回答も含めて、現在の創価学会の教学の要綱をまとめたものです」と、本書の位置づけを述べている。

もっともこの本とて、板曼荼羅崇拝に対する言及の歯切れは悪いし、また日蓮本仏論に関しては何の保留もなく、堂々となお掲げている。しかし一読して驚くのは「御義口伝《おんぎくでん》」という文書について、この本がほとんど何の言及もしていないことである。

この御義口伝とは、日蓮正宗内で非常に重んじられてきた文書で、日蓮が生前、六老僧に求められて法華経について語った内容を、日興が書きとめてまとめたとされる。特に池田大作はこの御義口伝を非常に好み、会員たちにその内容について語って聞かせることが多かった。実際2022年11月からも、この池田による御義口伝の講義とされる文章が、機関誌『大白蓮華』で連載開始となっていたほどである。しかし、この御義口伝も一般的な日蓮系各宗派やアカデミズムの世界では、ほぼ偽書と判断されている。けれども一方で、池田はこの御義口伝を好んでいた。そうでありながら創価学会は『創価学会教学要綱』を、この御義口伝にほとんど触れず、編纂したのである。

この真意まではわからないが、創価学会として本格的な脱・日蓮正宗、また脱・池田教という道に勇敢な一歩を踏み出した結果と解釈することも、一応は可能であろう。

２０１４年に（中途半端ながら）板曼荼羅崇拝からの脱却を打ち出したことも含めて、創価学会は確かに、今の自分たちの教義に問題点があることを、認識はしているようである。悲しいかな、一般の創価学会員たちの多くは、そういう宗教学じみた話題に大した関心を持たないし、創価学会という組織をスピーディーかつドラスティックに変革することにもつながらないだろう。しかし、長期的に「宗教団体・創価学会をどうしていくのか」という問題に取り組む場合、日蓮正宗から「俗的な独立」しか果たしていない現在の状況を超えて、真の「魂の独立」に向かって歩んでいくための努力は、ますます必要になってくるのではないのだろうか。

第5章　「幸福製造機」公明党が与党である意味

選挙は組織を活性化させるツール

創価学会の事実上の政治部門たる公明党が結成されたのは1964年のことであるが、このときすでに国会には、「議員バッジを付けた創価学会の会員」が複数いた。

戦後の1951年から自身の死去の1958年まで創価学会第2代会長を務めた戸田城聖は、政党組織の必要性こそ感じていなかったものの、「創価学会員を選挙に出馬させ、当選させる」ことについては非常に重要な目標としていた。まず1955年の統一地方選挙に会員らを立候補させ、続けて1956年の参議院議員選挙にも会員を出馬させている。

創価学会として政界進出を目論んだ理由について、戸田は1956年発行の創価学会の機関誌『大白蓮華』63号のなかで、「われらが政治に関心を持つゆえんは、三大秘法の南無妙法蓮華経の広宣流布にある。すなわち、国立戒壇（本門の戒壇）の建立だけが目的なのである」とし、完全に宗教的な動機に根差していると断言している。

もっとも、そのころの戸田の講演録などを広く見ると、彼なりの政治的な問題意識も持ってはいたようだ。しかし、前章で見たように、当時の創価学会が上部団体と仰いだ日蓮正宗の教義を社会のなかで実現させる際、「一閻浮提広宣流布、王仏冥合、国立戒壇建立」

という、いわば政教一致路線は、避けて通ることができないものだった。創価学会の政界進出とは、野心や名声の獲得といった話以上に、まず宗教的な事情から行われたものだったという認識は重要である。

そうした中、戸田は実際に選挙を戦ってみて、あることに気付いた。それは今なお公明党の選挙事情を大きく規定していると言っていい。

創価学会として戦った最初の選挙（1955年の統一地方選、主に関東を中心とした各地方議会に54人を擁立して53人が当選）を経て、次に挑む予定の1956年参院選を前にした同年3月21日の本部幹部会で、戸田はこのようなことを語っている。

（前略）私は選挙運動が毎年あったらいいと思っているのですよ。ないから残念です。そのわけは、選挙をやるという一つの目的をたてると、みな応援する気になります。そこでしっかりと信心させなければならん。学会は、金で選挙に出させるのではないから、はじめから信心によるのですから、信心の指導をしっかりやらなければならん。そうすると、幹部が夢中になって、班長君でも、地区部長君でも、信心の指導を真剣にやってくれると思うのです。

そうすると、いままでかせがない人が、広宣流布のために、これは立ってやらなければならん時がきたから、まあ皆、目の色変えてかせぐ。ふだんやらんことをやるから、支部がピーンとしまってくる。選挙は、支部や学会の信心をしめるために使える。まことに、これは、けっこうなことではないですか。

（『戸田城聖先生　講演集　下』）

つまり選挙は、創価学会の組織をより活性化させるものであり、組織の運営上きわめて使えるツールたりえると、戸田は実際に選挙というものに関わってみて、実感したのである。

創価学会系国会議員第1号となった「タレント候補」

さて、1956年7月8日に投票が行われた参議院議員選挙において、この選挙に出馬した創価学会員（当時は「創価学会系無所属候補」などと呼ばれた）が3人、当選した。

当時の参院選は、現在と同じ都道府県ごとの選挙区と、全国を選挙区として戦う「全国区」の、2つの方式で行われていた。創価学会は全国区に4人を擁立して、このうち2人が当選した。この全国区で創価学会が議席を得ることは、ある程度想定されていたことだったようなのだが、驚きなのは選挙区での出来事だった。東京都と大阪府の選挙区に１人ずつ出馬させた創価学会系候補のうち、大阪から出ていた白木義一郎という人物が当選したのである。

このときの状況について、公明党の公式サイトは次のように解説している。

大阪地方区の創価学会員は、当時わずか３万世帯ほどでしかなかった。にもかかわらず、白木は実に21万8、９１５票を獲得。社会党現職や自民党元職の候補を破り、３位当選（定数３）を果たした。それは、新聞が「〝まさか〟が実現」（同年７月９日付「朝日」大阪本社版夕刊）との見出しで報じたほど、誰もが驚く奇跡的な勝利だった。

この１９５６年の年頭から、創価学会の関西方面の担当責任者に任命されていたのが、池田大作だった。創価学会発祥の地にして本部のある東京ですら、このときの参院選で立てた選挙区候補は落選している。しかし池田は、まだ地方の小さな支部でしかなかった大阪で、創価学会系候補を勝たせることができた。これは確かに大変な功績である。ただ、翌1957年には、大阪での参院選補選で、池田を含む創価学会員数十人が戸別訪問や買収などの疑いで逮捕された大阪事件が発生している。池田の選挙戦指導の実態がどのようなものだったのかをうかがわせる話だが、しかしそれでも、池田は選挙に勝つには勝った。

さて、この1956年の参院選で大阪選挙区から勝ち上がり、「創価学会系国会議員第1号」の一人となった、白木義一郎とは何者か。

実は、白木は元プロ野球選手で、池田夫人の従兄弟である（池田大作が結婚するのは1952年のことだが、夫人の名は白木香峯子《かねこ》といった。この香峯子の実家は昔からの日蓮正宗の信者で、その関係で白木家は創価学会の初期からの会員だった。また、香峯子の父親・白木薫次は富裕な実業家である。この薫次の甥が義一郎だ）。

白木は1919年に東京で生まれ、現在の慶應義塾大学の中等部の前身である慶應義塾商工学校に進学した。野球部に所属し、中学野球（現在の高校野球）で甲子園に出場するなどの、野球選手であった。その後、白木は慶應義塾大学に進学し、大学野球の世界でも活躍する。太平洋戦争への従軍を経て、1946年、プロ野球チームのセネタース（後に東急フライヤーズ）へ入団すると、同球団のエースピッチャーとして活躍し、1952年に阪急ブレーブスへ移籍、同年ユニフォームを脱いでいる。

池田大作・香峯子夫妻

つまり白木義一郎とは、元有名プロ野球選手たるタレント候補として、創価学会が担ぎ、当選させた候補だったのである。また、白木が国会議員になった１９５６年段階において、池田大作は創価学会の一青年幹部に過ぎず、「池田先生のお身内である白木義一郎候補を絶対に当選させよう！」などといった特別扱いが行われたわけではない。白木がまさかの当選を果たせたのは、その知名度のおかげだったと言える。ちなみに、当時はまだ厳密に「タレント候補」という言葉は存在せず、白木は元プロ野球選手として国会議員になった、日本で最初の人物である。

なお、このころの創価学会員に、その教義内容に関心を持って入会したような人はほとんどいない。社会的にも低層の人々が多く、何か具体的な政策論を訴えたり、教義的な話をしながらの選挙戦を展開するよりも、「有名な元プロ野球選手を応援しよう！」といった呼びかけのほうが、彼らの心の琴線に触れた可能性が高い。白木義一郎が、そのプロ野球選手としての晩年を関西球団である阪急ブレーブスで過ごしたことも、多少は奏功しただろう。創価学会の選挙のベースに流れるのは、政策論争などではなく、こうした「お祭り騒ぎ的な盛り上げ」であることの認識は重要である。いまなお、創価学会の選挙は「お祭り」であるとともに、「組織引きしめ」に用いられている。

創価学会はそうした「創価学会系無所属候補」たちの躍進をベースにして、戸田城聖の死後、会長となった池田大作の指導のもと、1964年に政党組織、公明党を結成した。1967年の衆議院議員選挙に参戦し、さらにその政治参画の規模を拡大させていった。この衆院選で、公明党は全国に32人の候補者を擁立し、そのうちの25人を当選させている。なお、その少し前の1965年の参議院議員選挙において公明党は、全国区から総計約509万票を獲得している。例えば2022年の参院選で公明党が全国で集めた比例票の618万票と比較しても遜色のない数字だ。当時すでに、創価学会は現在に迫るくらいの組織基盤を有してはいたのだろう。

選挙に即応したアメーバ状の組織

またもうひとつ指摘しておくべき話として、創価学会は政治参画を本格的に始めて以降、地方組織のあり方を選挙用につくりかえてきたということがある。例えば宗教学者の島田裕巳は、著書『親が創価学会』のなかで、こう書いている。

創価学会では、政界に進出する際に、組織を縦線から横線に改め、地域を基盤とするようになった。

したがって、選挙の区割りと対応しているところはある。衆議院選挙では、宮城県は六つの選挙区（引用者注・ただし現在は5選挙区）に分かれている。創価学会の組織は、次のようにそれと重なる。

衆議院　創価学会
第一区　第一宮城総県青葉総区・太白《たいはく》総区
第二区　同宮城野総区・若林総区・泉総区

第三区　第三宮城総県
第四区　第二宮城総県宮城太陽県
第五区　同石巻躍進県
第六区　同宮城新世紀県

創価学会の地方組織は形式上、東京・信濃町にある本部を筆頭に上から「方面長」「方面運営会議」「県長」「県運営会議」「分県」「圏」「本部」「支部」「地区」「ブロック」という流れのピラミッド型を連想させる組織になっている（創価学会の公式サイト上でもそういう説明がある）。

ところが、島田が例示したように、例えば実際の宮城県などでは、「総県」「総区」などといった組織が、ピラミッド状というよりもむしろアメーバ状に乱立しており、しかもそこに「太陽県」や「躍進県」、「新世紀県」といった、必ずしも全国の都道府県に普遍的にあるわけでもない名前の組織までもがつくられ、極めて入り組んだ形の地方組織になっているのだ。一見、頭がこんがらがりそうだが、さにあらず。その複雑な地方の区割りを、衆議院の選挙区ごとに見てみると、これがぴたりとその境界線に符合するというのである。

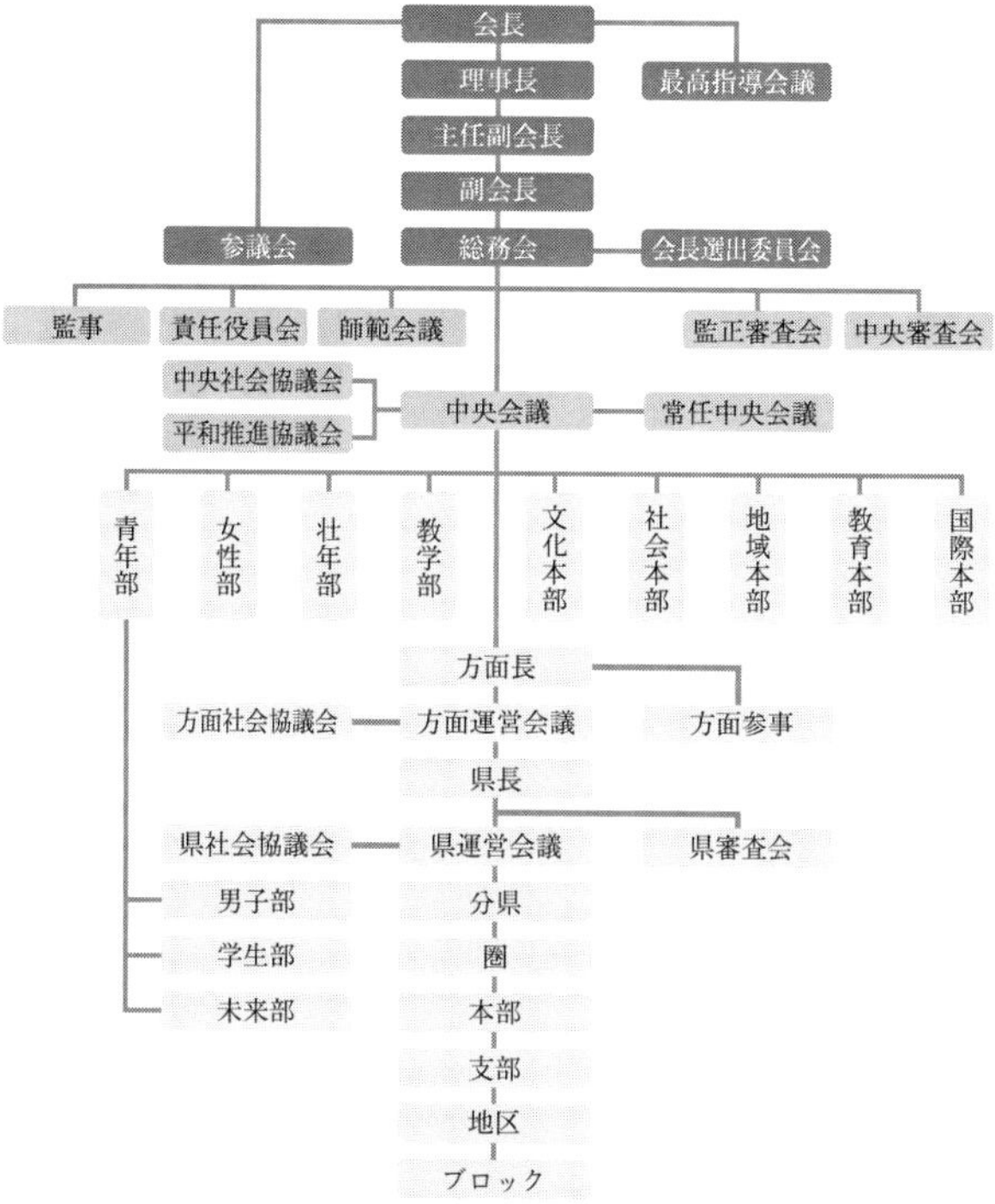

創価学会の組織・機構（創価学会HPより）

創価学会に限らず、政治に参画している宗教団体は多々あるが、ここまで徹底して自組織を政治用につくりかえている団体は、ほかにあまり例がない。創価学会が政治宗教として他に抜きんでた成功をおさめられた原因の一端が、ここにある。

「平和と福祉の党」

さて、そのようにして衆議院、参議院、地方議会と、政界にくまなく拠点をつくって歩み始めた公明党だが、ほどなくして根本的な路線変換を余儀なくされることになる。1970年前後に発生した創価学会の言論出版妨害事件、そしてそれに伴う池田大作の、創価学会としての「政教分離宣言」である。

池田はそれを機にして、「王仏冥合」など、世間から日本の政教一致化を目指して活動していると誤解されかねない言動を組織としてとらないと明言し、当然「国立戒壇建立」などといったスローガンも取り下げると表明した。また、以後は宗教法人創価学会の役職員が、そのままの肩書で公明党から選挙に出ることも行われなくなる。つまり創価学会内で活動してきた人が公明党から選挙に出る場合、一度創価学会関係の役職などからすべて降りて、出馬するという流れとなった。ようするに、以後の創価学会と公明党は、「原則として別組織であり、ただ創価学会が公明党を支持しているだけ」という関係に、少なくとも表面上は改められた。

この後、宗教団体・創価学会としては、たまたま同時期に関わることとなった日中国交正常化交渉をまたとないチャンスととらえ、池田自身が〝過激な宗教団体のリーダー〟から、〝世界をまたにかける平和民間外交の旗手〟にイメージ・チェンジを果たした。そして、日蓮正宗の教義といったことよりも、自身のカリスマ性で教団を引っ張る存在としての性格をより強くしていった。

それでは、政党・公明党は、1970年の「政教分離宣言」以来、どのようにその姿を変えていったのだろうか。

公明党は現在、自分たちの性格について「平和と福祉の党」であると、自己定義している。つまり平和政策、福祉政策に熱心に取り組む政党だと、日々自己アピールしているわけだ。

「平和と福祉」というスローガン自体は、もともと公明党および創価学会の政界進出に、最初期から付随してきた価値観ではある。特に福祉分野については、1964年に行われた公明党結党大会の会場にも、ステージの向かって左側の柱に、「大衆福祉の公明党」と大きく書かれた垂れ幕がぶら下げられていたほどだ。

創価学会の、特に戦後初期の入会者たちは社会の低層にいる人々が多く、また彼らは主に「経済的理由」や「身体的理由」で入会しており、特に日蓮正宗の教義に深い関心を持っていたわけではない。

こうした状況のなか、戦後初期の教団指導者だった戸田城聖は、大石寺の板曼荼羅を「幸福製造機」だと語り、日蓮正宗の教えを信奉すれば、彼らの経済的、身体的苦悩は雲散霧消すると説いていった。しかし、いくら板曼荼羅を真剣に拝んだところで、そこから実際にお金や医薬品が湧き出てくるわけではない。また牧口常三郎、戸田城聖、池田大作という創価学会の指導者たちは、自分たちに神秘的な宗教パワーがあるといったアピールを行わなかった。恐らく日蓮正宗というプロの宗教者組織を当初の上部団体としていたことの配慮などからだろう。つまり、日本のほかの新宗教団体ではほとんど定番である「教祖が信者に手をかざして、その超能力で病気を治す」などといった行為は、教団内の公式な行事として行われることがなかった。

排他的組織の「あたたかな相互扶助ネットワーク」

創価学会は、会員たちの経済的、身体的苦痛を具体的にどう癒していったのか。その答えとは、会員たちの地場のネットワークを最大限強化することで、会員間の相互扶助システムを創価学会として構築していったことである。

創価学会の会員たちが日々行う活動の基本かつコアとなるものに、「座談会」という集まりがある。創価学会青年部の公式サイト「soka youth media」には、この座談会の解説として次のような記述がある。

「座談会」は、牧口常三郎初代会長から続く伝統の行事であり、戸田城聖第二代会長、池田大作名誉会長も、最も大切にしてきた活動です。創価学会の会館や会員宅を会場に、様々な年齢や職業の会員、また会員以外の友人が集いあって体験発表や質問会等を行い、互いに信仰を深めています（原則、月に1度の開催）。また、座談会の中では、御書（日蓮大聖人の著作や御手紙などをまとめたもの）を学び、仏法の視点・智慧をどう生活に生かしていくかを語りあっています。

「座談会の中では、御書（日蓮大聖人の著作や御手紙などをまとめたもの）を学び、仏法の視点・智慧をどう生活に生かしていくかを語りあっています」とは付け加えられているものの、まず言われているのは「体験発表や質問会」である。なお、それら自体は強い宗教性に彩られているものではない。創価学会員たちは、この座談会を地域の学会員たちと定期的に行っているわけだ。その効能について宗教学者の島田裕巳は、著書『創価学会』のなかでこう書いている。

座談会は、組織の活動のもっとも重要な場として機能している。座談会は、それぞれの地域で月一回開かれるが、それに出席しない会員は、「寝ている」、つまりは活動的ではない会員と見なされる。その意味でも、会員を座談会に出席させることが、地域の活動としてもっとも重要な意味をもってくることになるが、必ずしもすべての会員が座談会出席に熱心だというわけではない。

逆に、毎回座談会に出席している会員同士のつながりは、相当深いものになっていく。座談会を開く支部自体が、一つの相互扶助組織として機能している。

創価学会に入会すれば、そこには強固な人間関係のネットワークができ上がっている。

そのネットワークは日常生活全般に及んでいく。一般の社会に属する人々との付き合いは減り、創価学会員同士の付き合いの方が、より頻繁で深いものになっていく。

学会員は、地域に生活の場をおいた庶民たちであり、その職種も各種の店主や店員、町工場の工場主や工員、個人タクシーの運転手、保母などに及んでいる。そうした人間たちが集まれば、どんなことでもこなすことができ、何か問題に直面したときは、他の会員たちが相談に乗ってくれるのはもちろん、手術を受けるなどというときには、皆で集まって「南無妙法蓮華経」の題目を上げてくれたりする。

もちろん、地場の信者組織がこうした相互扶助ネットワークと化すことは、ほかの新宗教団体でも多々例がある。しかし、創価学会はそもそも規模が他教団より抜きんでていて、その相互扶助ネットワークが生み出す実利もそれに比例して巨大であった。創価学会をそのように肥大化させたのは、他教団と比しても排他的で攻撃的な教義を基礎にした、強引な折伏のパワーだったのであるが、そういう排他性、攻撃性は、内側ではむしろ「あたたかな相互扶助ネットワーク」と化していたのである。

繰り返すが、創価学会は特に「教祖様の神秘の宗教パワー」のようなことを売りにしてきた団体ではない。徹底して、その巨大な排他的コミュニティのあたたかさが生む実利で、信者たちの心身をいやしてきた団体なのである。

よく創価学会について、「現世利益を追求する団体」といった紹介をする本などがある。だが、創価学会のもたらす現世利益とは、「教団の教義を信じていたら神仏のご加護があって、何だか心身が軽くなって病気が治ったような気がした」などといった神秘的なものではない。創価学会に入信すれば、その強固な相互扶助ネットワークと公明党の政治力で、具体的な実利が会員個々人にもたらされるのである。少なくとも、そういう体制を構築しようと創価学会は狙ってきた。その意味において、公明党とは創価学会にとって、大石寺の板曼荼羅以上に実際的な幸福製造機として、戦後社会のなかで機能してきた組織なのである。

創価学会の政界進出は、その実利を生むパワーとして、効果的に機能した。組織内から議員が出れば、彼らを通じた陳情で、実際に創価学会員たちの生活環境を改善させ、また必要であれば福祉につなげてもらうなども可能になったからだ。

それは、創価学会員のみを対象とした利益誘導に限らない。例えば公明党は1970年代から、児童手当の創設、拡充に、非常に熱心に取り組んできた政党である。また、今の日本の小中学校で教科書が完全に無償配布されるようになるのは１９６９年のことなのだが、この実現に向けて大きな力を入れてきたのも公明党だ。最近だと、例えば２０１９年に消費税率が10％にアップされた際、食料品などに限って８％の税率が維持されるよう主張し、実現させたのは公明党である。また、２０２０年の新型コロナウイルス禍のなかで、全国民に一律10万円を配った給付金政策も、自公連立政権のなかで公明党が強硬に主張して実現した（自民党は当初、収入が減少した世帯などのみに30万円を配る方向で考えていた）。

このように、公明党は昔から「貧しい人たちの得になりそうな政策」には、非常に熱心に取り組んできた実績があるのだ。

「反戦平和」の真実

一方で、同じく公明党がもつ「平和の党」の顔はどうか。

創価学会がまだ、「一閻浮提広宣流布、王仏冥合、国立戒壇建立」の政教一致路線を堂々と掲げていた時期である１９６５年1月1日から、機関紙『聖教新聞』で連載が始まった池田大作著『人間革命』は、次のような文章で始まる。

戦争ほど、残酷なものはない。

戦争ほど、悲惨なものはない。

だが、その戦争はまだ、つづいていた。

愚かな指導者たちに、率いられた国民もまた、まことに哀れである。


（『人間革命』第1巻「黎明」の章）

続いて同作は、終戦直前の1945年7月に戸田城聖が刑務所から釈放された状況を描き、同時に獄のなかで牧口常三郎が死去したことを記す。そして、そこでは戸田の心境が次のように綴られた。


「こんな、ばかげたことを、いつまで、やっているんだ！」

彼（引用者注・戸田）は、吐き出すように、誰に言うともなく、激しい口調でつぶやいた。その声は闇に消えたが、彼の怒りは燃え盛っていたのである。

〝戦争をやって、誰が喜ぶか！　平和と幸福への願いは、人びとの共通の念願であるはずだ。

ところが、近代日本の歴史は、十年に一度といってよいほど、国運を賭しての戦火に突入し、そのたびに多大な犠牲を払って、甚大な不幸に見舞われてきた。この日本の運命を、なんとか転換できないものか……〟

（同前）

獄中から出たばかりの戸田が軍国主義に対する怒りをたぎらせ、戦争への反対を叫んでみせるのは、さも当然だと21世紀のわれわれは受け取ってしまう。しかし、当時の戸田が実際にそのように考えていたかは、かなり疑わしい。

ジャーナリストの高橋篤史が書いた『創価学会秘史』は、草創期の創価学会とはどのような組織だったのかについて調査、分析した、興味深い一冊である。それによると牧口常三郎は１９３５年、「赤化青年の完全転向は如何にして可能なるか」というタイトルの論文を書き、当時の社会でインテリ青年にはやっていたマルクス主義（赤化）は、創価教育学会の教えを広めることで超越できるなどと主張した。これは当時、マルクス主義の社会への浸透に苦慮していた治安当局にとって好印象を与えるもので、牧口と警察はむしろ近い関係にあったと高橋は指摘している。

太平洋戦争開戦初期の1942年5月17日に開催された創価教育学会の総会では、作家で当時陸軍報道班員を務めていた里村欣三がシンガポールから送ったという、「一夜に三千以上の弾丸に見舞はれたこともありますが、私は一心にお題目を唱へて、身に一寸の負傷も負はず、御本尊の功徳の広大さに、今更ながら驚きました」といった電報が読み上げられた。

また当時の学会幹部（理事）の本間直四郎は、「陛下の御稜威の下、我が陸海軍将兵が緒戦以来、赫々たる戦果を挙げてゐる事は、吾等の衷心より感激に堪えない次第である」などと、開会の辞で述べていた。

さらに当時教材出版業などを経営して、創価教育学会の経済面を助けていた戸田城聖は、自身の事業として『小国民日本』と題した、子供向けの戦意高揚雑誌を発行するなどの行動をとっていたという。

牧口の獄死を最大限に活用

ここに見る限りにおいて、創価教育学会は当時の日本国民の平均程度には戦争に賛同しており、特に組織としての傾向が反戦平和主義であった様子はまったくうかがえない。もちろん、牧口と戸田は１９４３年７月、治安維持法違反および不敬罪の容疑で警察に逮捕されてしまうのだが、その理由は日蓮主義者として、当時の国家が国民に求めた伊勢神宮の神札を祀ることに抵抗感があったからである。

確かにそれは、宗教者としては筋の通った立派な主張だったのかもしれない。しかし軍国主義への抵抗や平和主義といった話とは、特に関係がない。戦後にしたところで、戸田は創価学会の組織を軍隊調につくりかえ、若い学会員たちに軍隊式の行進をさせ、それを白馬に乗って見ていたような男で、平和主義者に転向したようにも思えない。戸田には一応、１９５７年9月8日に「もし原水爆を、いずこの国であろうと、それが勝っても負けても、それを使用したものは、ことごとく死刑にすべきである」とスピーチした「原水爆禁止宣言」なるものがある。だが、高橋篤史は『創価学会秘史』のなかで、「この発言はその頃の創価学会の活動とは脈絡なく唐突に出たもので、その証拠に翌日以降の『聖教新聞』は、発言がなされたこと自体は伝えても、関連しての続報はかなり長い間、載ることがなかった」とし、本来重要視すべき発言ではないとの見解を示している。

現在、創価中学・高等学校などを運営する学校法人創価学園は、その公式サイトの「創価教育の原点」というコーナーで、「１９４３年、二人（引用者注・牧口と戸田）は軍国主義に反対したため〝思想犯〟として逮捕され、牧口先生は獄中で亡くなりました」などと書いている。そして、池田の『人間革命』の冒頭には、まさに全身平和主義者のような戸田城聖が登場し、戦争反対の気を吐く。しかし、こうした歴史を丹念に見ていくと、これらはあまり正確とは言いがたい表現だ。

しかしながら、戦後の間もない時期、戦時中の日本の軍国主義的体制は否定されてしかるべきものだったという価値観は、ほとんど社会の全体を覆っていた。また、創価学会の会員となったような庶民層は、働き手を兵隊にとられ、また家や職場を空襲で失った人々だった。そういう人々にとって「戦争はもうたくさんだ」という主張は、右翼、左翼といったイデオロギー抜きに、素直に共感できるものだった。そして、創価学会には、「戦時中、初代会長が警察に逮捕されて獄死した」という利用価値のあるエピソードが存在した。そこを、池田大作時代の創価学会は当初から最大限に活用した側面がある。その象徴的な結実が『人間革命』の冒頭部であり、池田創価学会の平和路線は一時その政教一致路線と確かに（従属的な形ではあったが）並存したものだったのである。

しかし、1970年の池田大作による政教分離宣言によって、「公明党は創価学会とは別組織」になってしまった際、この創価学会の平和主義は政教一致路線に代わり、むしろ学会の表看板になった。

１９７５年に発行された、池田と松下幸之助（パナソニック創業者）の対談集『人生問答』のなかで池田はこう語っている。

とくに日本は、過去に侵略戦争にまつわる暗い思い出を傷跡深く残しているとともに、世界で唯一の原爆をこうむったという忘れられない痛恨事をもっています。この二つの歴史的体験は、世界中の人びとの知るところであり、それゆえにこそ、憲法前文の「平和を愛する諸国民の公正と信義に信頼して……」という崇高なる精神が蘇り、第九条の戦争放棄の明文が重みを増すのではないでしょうか。

また、前述した戸田城聖の「原水爆禁止宣言」が、突如として創価学会の歴史上、大変に重要な発言だったかのように言われだすのも、この時期以降のことだ。

ファシズムの攻勢に対する「創共協定」

このころの池田大作の動きとして注記しておくべきものに、１９７４年に創価学会と日本共産党との間で交わされた「創共協定」がある。

もともと、共産主義は宗教を否定するため、相容れない。また創価学会側では、池田が共産党、社会党に関し、大手企業の労働組合を基盤とした労働貴族的な存在に過ぎず、真の庶民の救済者ではないなどと、さまざまな形で批判していた流れがあった。創価学会、公明党は確かにリベラル的な平和主義を標榜していたところがあったものの、マルクス主義を標榜する共産党とは水と油であり、選挙戦の現場などでは衝突を繰り返していた。

そんな池田が作家の松本清張を仲介人とし、日本共産党委員長（当時）の宮本顕治と会談することになった。そして、「ファシズムの攻勢に対して、断固反対し、相互に守り合う」として、相互理解の推進や敵視政策の撤廃などで合意したのである。

そのときの状況について、評論家の佐高信は著書『池田大作と宮本顕治』のなかでこう書いている。


一九七四年の十月末から、松本清張宅で、上田（引用者注・共産党常任幹部会委員の上田耕一郎）、山下（同・共産党文化部長の山下文男）、野崎（同・創価学会男子部長の野崎勲）、志村（同・創価学会文芸部長の志村栄一）の間で二十数時間にわたる準備会談が行われ、十二月二十八日に合意協定を結んだ。そして翌日、宮本と池田が松本をまじえて懇談する。それから半年余り発表は控えられるわけだが、まず、協定の内容を紹介しよう。

①たがいの信頼関係を確立するために、それぞれ自主性を尊重しあいながら相互理解に最善の努力をする。

②創価学会は、科学的社会主義、共産主義を敵視する態度をとらず、日本共産党は、布教の自由をふくむ信教の自由を無条件に擁護する。

③互いに信義を守って政治的態度の問題をふくめて、今後いっさい誹謗中傷しない。すべての問題は、協議によって解決する。

④双方、永久に民衆の側に立つ姿勢を堅持して、それぞれの信条、方法によって社会的不公正をとり除き、民衆福祉の向上実現のために努力しあう。

⑤世界の恒久平和のために最善の努力を傾け、核兵器全廃という共通の課題にたいし、たがいの立場で協調しあう。

⑥新しいファシズムをめざす潮流が存在しているとの共通の現状認識に立って、その危機を未然に防ぐために努力し、ファシズムの攻撃にたいしては、断乎反対し、相互に

「創共協定」について話し合う池田大作と宮本顕治共産党委員長

守りあう。

⑦協定の期間は十年とするが、後も、より一歩前進させるための再協定を協議検討する。

ただしこれは、池田が公明党の頭越しに、電撃的に宮本と会談して取り決めたことで、公明党サイドからは「うまくいくはずがない」と、極めて激しい反発が巻き起こった。そして結局この協定は、公明党と共産党双方の活動現場でうまく機能せず、すぐに空文化して、雲散霧消してしまった。今では一部の左翼文化人が評価する程度の話になってしまっている。しかしこの創共協定は、政教一致路線を放棄した直後の池田大作による、あるべき平和路線を求めての迷走だったとは言えるのではないだろうか。

　民間平和外交の旗手を任じ始めた池田が、創価学会の国際組織である創価学会インタナショナル（ＳＧＩ）を創設したのは１９７５年のことだ。池田はこの組織の会長として１９８３年以降、２０２３年に至るまで、定期的に『ＳＧＩの日』記念提言」という提言を発表し続けた。１９８３年の第１回は「平和と軍縮への新たな提言」として「核戦争防止センター」なるものの創設を訴え、また１９９４年には「人類史の朝《あした》　世界精神の大光」として「国連アジア本部」をつくれ、などとしている。そのほかにも、池田はこの提言で核兵器の削減や環境保護、発展途上国の貧困問題など、さまざまなメッセージを発している。最後となった２０２３年の提言で池田が主張したのは、ウクライナ紛争の停戦という問題だった。

　１９７０年以降、公明党は創価学会とは別組織になったものの、こうした池田の平和主義は、公明党の政策にかなりの影響をおよぼしてきた。公明党の政治家がしばしば発展途上国や国連とパイプを持ちたがる姿勢を見せるのがまさにそうだし、特に憲法９条の擁護、また自衛隊の増強といったタカ派的政策に否定的な態度を見せるといった体質も受け継がれている。

ついに与党入り

ただ、周知のように「公明党の平和主義」は、1999年から政界で連立を組む保守政党・自民党との間で現在、さまざまな軋轢を引き起こすようになっている。

自公連立の成立そのものは1999年の出来事だが、その前段史を考えれば、それは1989〜1991年にかけて自民党幹事長を務めた同党衆議院議員・小沢一郎と、1989〜1994年にかけて公明党書記長（党トップ）を務めた市川雄一の「一・一ライン」と呼ばれた親密な関係に行きつく。

1993年6月18日、野党が提出していた当時の自民党・宮沢喜一内閣に対する不信任案に、小沢を中心とする一部自民党議員が造反して賛成したところから、宮沢内閣は衆議院解散を断行した。7月の衆議院議員選挙では自民党が過半数割れに追い込まれ、日本新党代表の細川護熙を首相とする非自民連立政権が誕生する。いわゆる55年体制の崩壊である。そこには小沢らが自民党を離脱してつくった新生党ほか、公明党も与党として参画していた。

しかし細川内閣の崩壊、またその後継の羽田孜内閣の崩壊を経て、自民党は当時社会党の委員長だった村山富市を首相に担ぐという奇策で、「自社さ連立政権」として与党に復帰する（1994年6月）。この村山内閣からの政権奪還策として、小沢一郎が共産党以外の野党勢力に呼びかけ、1994年12月に結党されたのが、新進党だった。この間、公明党は小沢の政界再編構想に原則全面賛成の態度で従っており、新進党の結成時には、公明党の国政組織が解散して合流する形で参画している。

小沢が当時主張していたのは、「日本にも政権交代可能な二大政党制の時代を呼び込む」といったことで、これ自体は後の民主党（1998〜2016年）が存在した時代まで、日本の政界で広く支持されていた考え方だった。公明党も、その流れに乗ったということである。

しかし自民党は当然、新進党を厳しく攻撃した。特に自民党が強く主張したのは、「公明党を取り込んだ政党は、実質的に創価学会票に支えられた宗教政党ではないのか。このような党が政権をとったら、日本の政教分離は危うい」というロジックだった。

自民党による「公明党を取り込んだ非自民勢力への批判」はすでに細川政権の時代から開始されていて、特に「創価学会たたき」の実行部隊となったのが、1994年5月に、自民党の政治家や、反創価学会の気風を持つ宗教団体関係者らで結成された「信教と精神性の尊厳と自由を確立する各界懇話会」、通称「四月会」だった。その中心メンバーだったのは、自民党衆議院議員の亀井静香、また同・白川勝彦といった面々である。彼らは池田大作の国会証人喚問を求めたり、また1995年3月にオウム真理教が地下鉄サリン事件を引き起こしたことも絡めて、宗教法人法の大幅改正を主張するなど、新進党および創価学会を激しく揺さぶった。

そして新進党は、1996年10月の衆議院議員選挙での敗北などを経て、次第に弱体化する。ついに1997年12月、分裂・解散となり、新進党内の旧公明党グループも、再び「公明党」を再結成することとなった。この流れを政治学者の薬師寺克行は、著書『公明党』のなかで、「結果的に公明党は『政治のプロ』である小沢に翻弄され続け、最後に切り捨てられた」と書いている。ようするに、創価学会票という分厚い地盤に支えられながらも、その上に安住してきた公明党には、意外に国会内における権謀術数の手腕がなかったという評価である。これは「公明党という政党とは何か」を考えていく場合、かなり重要な問題である。

その後、新進党は消滅したが、自民党の政権が安定するという話にもならなかった。

１９９８年の参議院議員選挙では新たに結成された民主党が躍進し、自民党は16議席減となって敗北。橋本龍太郎内閣は責任を取って退陣した。

確たる政権基盤もないまま新内閣を立ち上げた自民党の小渕恵三は、安定した政権運営のために、他党との連立を構想し始める。すでに自民党サイドは橋本政権時代の末期、公明党サイドに四月会の行動などについて謝罪を行うなど、自公間の溝は徐々に埋まりつつあった。しかし、さすがにすぐ自民党と連立を組むことについては公明党側にも戸惑いがあったらしく、公明党からは、「いきなり自民党と一緒に政権をつくるというのは無理だ。（中略）まず自由党（引用者注・新進党解党後に小沢一郎が率いていた政党）という座布団を間に置いてほしい」（五百旗頭真・伊藤元重・薬師寺克行編『90年代の証言　野中広務　権力の興亡』）と注文が寄せられたのだという。

自公連立の誕生

一方の自民党側も、自由党との連立は考えに入れていた話であって、小渕内閣の官房長官だった野中広務は、「小沢さんにひれ伏してでも」と述べて、１９９９年１月、自民党と自由党の連立を成し遂げた。そこに公明党が加わる形で、同年10月に、「自自公連立」

は発足した。なお、自由党はその後の2000年4月、連立から離脱してしまい、以後現在まで続く「自公連立」の形が成立することになる。

この自公連立成立の流れを見ていて気付くのは、まったく政策上のイデオロギー調整などが行われた形跡がないことだ。ひたすら混乱した政界再編の時代のなかで、何とか安定した政権基盤をつくれないかという模索の末に飛び出てきた連立、より言葉を悪くして言えば、選挙目当ての野合としてできあがったものでしかない。実際に当時の『読売新聞』の世論調査（1999年9月28日付）を見ても、この連立を「支持しない」という声は50・5%に上り、その支持しない理由の筆頭は「単なる数合わせだ」というものが64・5%を占めている。

しかし、それでも公明党は自民党と連立する道を選んだ。これには、どういう背景があったのだろうか。

池田大作その人は、1970年の政教分離宣言以来、表立って公明党の方針についてコメントすることを避けており、少なくとも公表資料のなかからは、その心境をうかがうことができない。しかし、元公明党の衆議院議員だった東祥三は、季刊『宗教問題』12号のインタビューにおいて、このころの公明党の事情について、次のように語っている。

政治的な解釈をすれば、公明党は一九九四年に新進党に合流した時点で大きく変わりました。万年野党ではダメだとはっきり気付いた。新進党結党前には、すでに細川護熙連立政権で与党を経験しています。そのとき公明党は〝与党〟の意味に気付いたのでしょう。

それで公明党は新進党に合流して、政権を担っていこうとした。しかし新進党はなかなかうまくいかなかった。だから「こんな泥船にずっと乗っているわけにはいかない」と判断したのでしょう。そういう経緯があって、公明党は与党を目指すようになった。そして自自公政権という形で自民党と連立を組み、今に至るわけです。（中略）

政党には政党としての論理がある。自分たちの政策を実現させたいと考えるのは当然のこと。それには与党になるしかない。民主党だって〝夢よもう一度〟で、また野党再編に動いている。そういう風に政党が動くこと自体を批判するのはナンセンスです。

（中略）

公明党が自民党とずっと組んでいるのは、先ほど言った方針転換、「与党を目指す」という方針の延長線上にあるものでしかありません。その方針は今、より強固になっているのでしょう。そして繰り返しますが、政党がそう考えること自体は自然な話です。

確かに公明党は連立与党に参画して以降、数々の自分たちの政策を国会の場で実現させられるようになった。例えば公明党が自民党との連立を組む前夜の1999年初頭から、15歳以下の子供と満65歳以上の高齢者らに配布された地域振興券（2万円分の商品券）は、明らかに公明党が連立参画の交換条件として自民に飲ませ、実現させた政策だった。また、新型コロナ禍における全国民への10万円給付や、軽減税率の導入などは、そもそも公明党が与党でないと絶対に実現させられなかった政策である。

創価学会にとって公明党とは、現実的な数字の形で支持者（創価学会員）たちへ現世利益を提供する、日蓮正宗およびその板曼荼羅なき現状での「幸福製造機」である。政権与党に参画していないと、〝幸福〟の湧き出る量は明らかに減ってしまう。

「自民党のブレーキ役」となるか？

また公明党の「平和の党」としての顔も極めて重要だ。公明党幹部らが近年好んで使うフレーズ「われわれは自民党のブレーキ役」を担っているのである。

例えば２０１５年9月に自公連立政権が国会で成立させた安保法制があげられる。日本として集団的自衛権の行使容認を定めたもので、主にリベラル派、野党勢力などはこれに「安倍晋三政権（当時）による戦争法案だ」として、激しく反発した。そうした中、公明党はこの安保法制の成立前、自民党側に次の「新三要件」を飲ませた。

①わが国に対する武力攻撃が発生した場合、又はわが国と密接な関係にある他国に対する武力攻撃が発生し、これによりわが国の存立が脅かされ、国民の生命、自由及び幸福追求の権利が根底から覆される明白な危険がある場合に、②これを排除し、わが国の存立を全うし、国民を守るために他に適当な手段がないときに、③必要最小限度の実力を行使する――という条件がクリアされなければ、自衛隊の武力行使はできない。

この保留をつけさせた意義を、公明党副代表の北側一雄は自身のホームページ上でこう述べている。

憲法九条の下で、自衛隊が米軍への武力攻撃を排除することが可能であることを、九条にかかる従来の政府解釈と論理的整合性をもちながらきちんと「新三要件」によって明文化することができました。ここが一番大きなポイントです。

また、明文化されたことで、もっぱら他国防衛のための自衛の措置は認められないことがはっきりし、また新三要件に合致しなければ自衛の措置を発動することはできません。これ以上の解釈変更には憲法改正が必要なことから、日本が専守防衛を堅持するうえでも、非常に厳格な〝歯止め〟をかけることができました。

あえて厳しく意味をとれば、もし自民党が単独でこの安保法制を成立させていたら、自衛隊は何の歯止めもなく、「他国防衛のため」、つまりはアメリカの命じるままに、世界中のどこででも戦争を始めてしまうだろう——とでも言いたげな表現だ。つまり、公明党が政権与党に参画しているからこそ、憲法9条擁護、世界平和の推進を目指した池田大作の精神は日本において堅持されているのであり、公明党なくば池田大作、創価学会の平和精神も画餅に帰すという意気込みのもとに使われているフレーズこそが、「われわれ公明党は自民党のブレーキ役」なのかもしれない。

そして何より、戸田城聖が喝破したごとく、創価学会は選挙を行うことによって「幹部が夢中になって、班長君でも、地区部長君でも、信心の指導を真剣にやってくれる」し、「支部がピーンとしまってくる。選挙は、支部や学会の信心をしめるために使える」のである。恐らく戸田はそのことを、一閻浮提広宣流布、王仏冥合、国立戒壇建立という壮大な宗教的事業を達成している過程での、副産物として気付いた。しかし現在の創価学会は、王仏冥合も国立戒壇建立も、特に目指しているわけではない。つまり、現在の創価学会にとっての選挙とは、宗教的目標を失ってしまった宗教団体が、組織維持のため自己目的化した戦いを演じ続ける、虚しい道具立てになっているのかもしれないのだ。

師たる戸田の遺志に反した形でつくり上げた公明党という組織が、今のそのような状況に陥っているのかもしれないことについて、霊山の池田大作はいったい何を思うのであろうか。

第6章　さまよえる創価学会・公明党の現在地と未来予想

公称「827万世帯」の学会員の実数は？

さて、カリスマなき後の創価学会は今後どうなっていくのか。

その問題を考える前にまずはっきりさせないといけないのは、そもそもいったい今、世の中に創価学会員は全部で何人いるのかという話である。それが明らかにならないことには、「創価学会の力とは現状でどのようなものなのか」「その力はかつてに比べ、どう変化しているのか」「今後はどうなっていくのか」などといった問いに対して、正確な答えを出すことは難しい。

ひとまず本書ではこれまで、創価学会側が発表している827万世帯という数字を示しながら論を進めてきた。ただし、これは創価学会の公称、つまり勝手にそう称しているだけで、第三者による正確な裏付けがある数字ではない。また、厚生労働省が2023年7月に発表した「国民生活基礎調査」によると、2022年における日本の平均世帯人員は2・25人である。創価学会は「827万世帯の会員がいる」と主張しているわけだから、それを事実として単純計算すれば、現在の日本には約1860万人の創価学会員がいることになる。これは各種の実態や実感からかけ離れた数字で、とても信用できない。さらに、この827万世帯という現在の公称数値は、創価学会が2005年に発表して以来まったく増減がなく、ますます正確なものかどうか疑わしい。

もっとも創価学会に限らず、日本の宗教団体が発表している信者数とは原則的に公称である。また、第三者がそれを客観的に検証できる手段は基本的に存在しない。よって「どの宗教団体に信者が何人いるのか」は、事実上ブラックボックスである。実際に、「日本の各宗教団体が主張する公称信者数をすべて足し合わせると2億人ほどになり、日本の人口を超えてしまう」というのは、宗教界のなかではよく言われるジョークじみた話だ。

創価学会員の会員数を概算するときに、宗教学者の島田裕巳がよく取り上げているのが、大阪商業大学（大阪府東大阪市）が2000年から行ってきた「生活と意識についての国際比較調査」という世論調査だ。この調査では対象となる人に、「信仰する宗教は何か」と問う項目があり、「創価学会」と答える人が、だいたい2％ほどの数字で推移している。それをもって島田は、日本における創価学会員の実数を、200万人ほどと推計している。

またNHKの世論調査によると、2023年12月における政党支持率で、公明党は3・2％という数字を出している。日本の人口を1億2000万人として単純計算すれば、約384万人という数字である。創価学会員でもない人が、わざわざ世論調査に「公明党を支持しています」と答えることは少ないだろうから、これもまた創価学会員の実数を考えるうえで参考になる数字だ。

ようするに創価学会員の実数とはだいたい200万〜400万人くらいの範囲に収まると推計され、これはさまざまな宗教学者や宗教ウオッチャーらが語る数字とも、おおむね似通っている。

2005年が数的なピーク？

それでは、今の日本に200万〜400万人いると推計される創価学会員たちの持つパワーは、現状でどのようなものなのだろうか。

この問いを考える際に、最も参考になるのが公明党の集票力である。特に国政選挙時における比例票を公明党が全国から何票集めていて、その数字がここ最近でどう推移を見せているのか。それは創価学会の実力値を、最も端的に表す数字であるはずだ。

まず、衆議院議員選挙が現行制度になってから、公明党が最大の比例票を集めたのは2005年の衆院選、いわゆる「小泉郵政解散」が行われた選挙においてのことだった。このとき公明党は、全国から898万7620票の比例票を集めている。これが2009

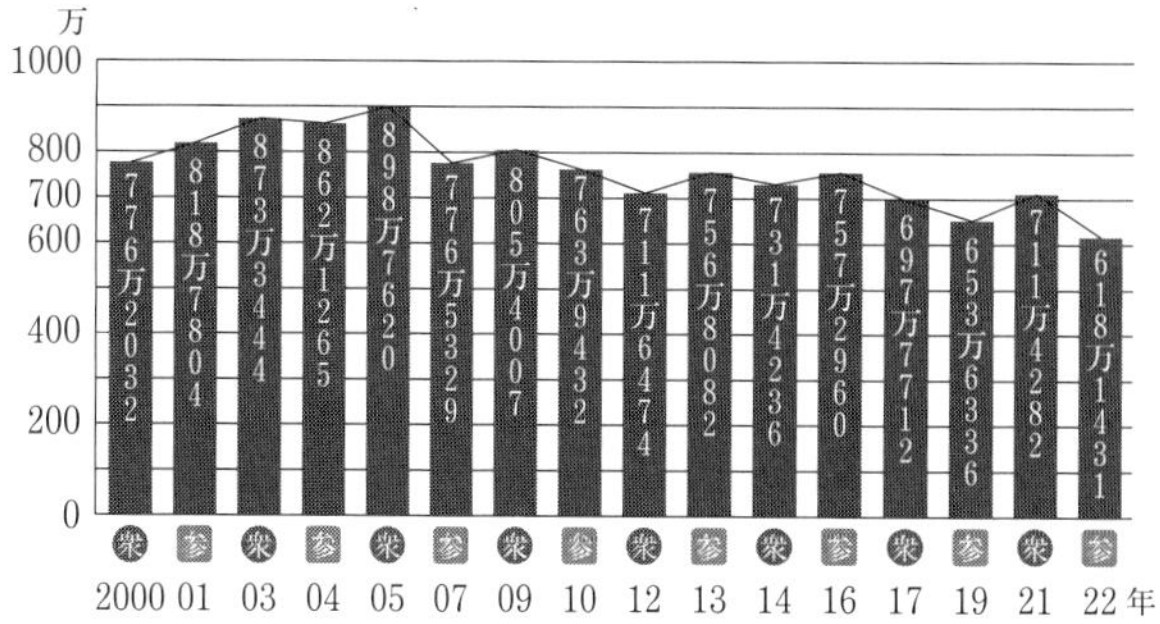

公明党の国政選挙での比例選得票数

年の衆院選では８０５万４００７票、２０１２年の衆院選では７１１万６４７４票、２０１４年の衆院選では７３１万４２３６票、２０１７年の衆院選では６９７万７７１２票、２０２１年の衆院選では７１１万４２８２票で推移している。

参議院議員選挙の比例票についてはどうだろうか。参院選に比例代表制が導入されてから公明党が最大の比例票を集めたのは、２００４年の選挙の時の８６２万１２６５票である。これが以後、２００７年の参院選では７７６万５３２９票、２０１０年の参院選では７６３万９４３２票、２０１３年の参院選では７５６万８０８２票、２０１６年の参院選では７５７万２９６０票、２０１９年の参院選では６５３万６３３６票、２０２２年の参院選では６１８万１４３１票で変動している。

一見してわかると思うが、多少のデコボコはあるものの、公明党の集票力は長期的な低落傾向にはまり込み、抜け出せない状況に陥っている。公明党は近年、国政選挙のたびに「比例で800万票獲得」を一つの目標として関係者に示してきたが、2010年代後半以降の実績を見ると、もはやそれは到底達成できないような数字に見える。また、創価学会が現在の公称信者数827万世帯を発表したのは2005年のことと先に書いたが、このあたりに学会組織の数的なピークがあったらしいこともうかがえる。

参議院議員選挙の数字だけで判断しても、2004年から2022年の18年間で、公明党に投票する人は約244万人も減っている。大雑把に言って、京都府の人口と同じくらいの数が消えてしまっている計算だ。後述するが、必ずしも「公明党に投票する人＝創価学会員」というわけではない。ただ、21世紀に入って以降、創価学会は組織規模の意味でも運動量の意味でも衰退の一途をたどっていることを、公明党の得票数の推移は明確に物語っている。

如実に表れる「学会員の高齢化」

それではなぜ、創価学会は近年このような衰退傾向にはまり込んでしまったのだろうか。

創価学会関係者に取材して歩くと、彼らが異口同音に語るのは「組織の高齢化が甚だしい」、「若手が全然入ってこない」という事情である。すなわち、池田大作に実際に接した世代の、強い信仰心を持つ会員たちがどんどん高齢化し、心身の不調やそれこそ死去によって退場していく一方、新規の若手会員があまり入ってこないため、組織として体力が失われていっているというのだ。

ただし、創価学会は組織として公式に、「われわれには実数としてこれだけの会員がいて、その年齢の分布はこうなっていて、こういう形で増減しております」などといった統計データを公開しているわけではない。そのため、「創価学会の衰退は、組織の高齢化が原因である」という見立てが真実なのかどうかは、ここ近年の創価学会で起こっている現象から推論を立て、判断してみるしかない。そうしたアプローチで分析してみると、「創価学会の高齢化」を裏付けるようなエピソードは、確かに近年の学会周辺のそこら中に転がっている。

例えば現在の創価学会内に、「王城会《おうじょうかい》」という組織がある。ありていに言えば、全国各地にある創価学会の会館の警備、すなわち守衛的な仕事をボランティアで担う人々の集まりで、創価学会の壮年部（40代以上の男性会員の集まり）のメンバーたちによって構成されている。この王城会ができたいきさつに関して、2013年2月25日付の『聖教新聞』は以下のように解説している。

広布の伸展とともに全国各地で順次結成されてきた、会館警備を担当する壮年部のグループ「王城会」。厳しい経済情勢の中、一家や社会の〝黄金柱〟となって奮闘しつつ、創価の宝城を厳護する使命を〝わが誉れ〟として任務に徹する皆さまに、心から感謝を申し上げたい。

王城会は2009年3月、「師弟勝利の王城会」「学会厳護の王城会」「会員第一の王城会」「地域と社会の柱　王城会」との4指針を掲げ、広布の城を守り抜く壮年部の人材グループとして新出発。池田名誉会長は、信心の姿勢として「〝守り〟じゃないよ、〝前進〟だよ!」との言葉を贈った。(中略)

以来、メンバー一人一人が広宣流布の一切の前進・勝利を担いゆく〝一騎当千の勇者〟との自覚に立ち、それぞれの地域・職場で〝戦う壮年〟の模範を示し、広布新時代の基盤を見事に築いている。

しかし、もともと創価学会の会館警備については「牙城会《がじょうかい》」という別組織が担ってきた。この牙城会は、18〜40歳以下の男子会員（男子部）メンバーで構成された組織だった。確かに会館警備などといった仕事は、体力のある若手でやったほうが何かといいだろう。にもかかわらず、２００９年から壮年部メンバーによる王城会が新たに結成され、中高年男性らによる会館警備が行われるようになったのだという。創価学会は、なぜこの王城会をつくらねばならなかったかについて詳細な事情を公表していない。だが常識的に考えて、若手の牙城会で十分に会館警備ができているのであれば、そもそも王城会のような組織は不要であるはずだ。

聖教新聞を読売が配達

また２０２０年５月からは、茨城県内における機関紙・聖教新聞の配達が、読売新聞に委託されるという出来事があった。それまで聖教新聞の配達は、一般の新聞のように給料をもらう配達員が行うのではなく、創価学会員によるボランティアで支えられてきた。

聖教新聞の公称発行部数は５５０万部である。朝日新聞の部数、約４００万部（２０２３年現在）を超える数字だ。それだけの数の新聞を毎朝、雨の日も風の日も、確たる報酬もなく有志の会員たちが配達し続けてきたのだから、大変な話である。そのため、創価学会側はこの聖教新聞の配達員を「無冠の友」「太陽の使者」などと呼び、「池田先生からの手紙（＝聖教新聞）を個々の会員に渡しに来る人」といった形に位置づけ、大変立派な仕事に従事している人々だと、賞賛してきた。ことに池田大作は、その名も「無冠の友」という、聖教新聞の配達員をたたえる詩までつくっている。冒頭の一部分だけ紹介してみよう。

おお　誇り高き　無冠の友よ
静寂の朝――
暁天をあおぎ　広布の便りを携えて走る
今日も　明日も
君らこそ　如来の使いの姿であり
真実の　民衆の王者だ

（詩集『青年の譜』）

しかし、そんな名誉な仕事である聖教新聞の配達を、創価学会は2020年5月から外部業者である読売新聞に委託してしまった。創価学会は「なぜ聖教新聞の配達を読売新聞に委託したのか」について詳細を語っていない。しかし常識的に考えて、現在でも聖教新聞のボランティア配達員を豊富に確保できる状況であるならば、外部に委託する必要性はないだろう。新聞配達とは体力のいる、きつい仕事である。これもまた「創価学会の組織の高齢化、体力低下」を裏付けるエピソードの一つと言っていいだろう。

30代、40代女性会員は「ヤング白ゆり世代」

さらには2020年から、創価学会内では30代、40代の女性会員たちを指して「ヤング白ゆり世代」と呼称するようになった。世間一般の常識から言えば、30代や40代の人を捕まえて「ヤング」とは呼ばない。創価学会内にきちんとしたヤング層、すなわち10代、20代の会員層がぶ厚く存在するのであれば、そもそも30代、40代の中年に差し掛かった世代を「ヤング」と呼ぶ発想自体、出てこないものであろう。

このように、創価学会の周辺には「組織の高齢化」「若く新しい会員が入ってこない」状況があるのだろうと推察される傍証が、いくつも転がっている。こうした現象はなぜ起きているのか。

ヒントになるのはやはり、創価学会の組織規模のピークが2005年ごろにあったことを示唆する、公明党の比例票の推移データだろう。加えて2010年から創価学会のカリスマ・池田大作は、公の場から姿を消してしまう。そしてその後、公明票の低落傾向は、まさに歯止めがかからなくなっていくのだ。

本書で繰り返し述べてきたことであるが、組織リーダーとしての池田大作の真骨頂とは、「神秘的な宗教パワーを持っている」といった曖昧なものではなかった。彼はすさまじい馬力と人間力で、個々の創価学会員たちと直接触れ合い続け、それを自らのカリスマ性の源泉にしてきた人物だった。創価学会はよく、「われわれは日蓮大聖人直結の組織」とうたうが、現実的にはそれは「池田大作直結の組織」であった。特段の役職を持たない個々の学会員たちとも池田は直接触れ合い、激励し、語り合い続け、よって古参の学会員たちは大抵、一人ひとりがそれぞれの濃密な「池田大作体験」を持っている。

つまりは創価学会とは、日本最大の新宗教団体でありながら、基本的には池田大作というオーナーの、個人商店のようなものだったのである。しかも1970年の政教分離宣言、および1991年の日蓮正宗との決別を経て、創価学会は「一閻浮提広宣流布、王仏冥合、国立戒壇建立」といった宗教的なテーマを最前面に押し出していくことが難しくなった。

その後の創価学会を支えたものとは、「世界に羽ばたき、さまざまな文化人たちにも評価される平和の使者、池田大作先生」の個人が持つカリスマ性だった。

しかし、そんな池田大作が2010年から表舞台には出なくなった。これで組織に影響が出ないほうがおかしい。

さらに、より決定的だったのは「池田大作体験を持たない若手信者の増加」である。

筆者はあるとき、創価学会3世、すなわち祖父母の代から創価学会を信仰している家庭に生まれた大学生に会ったことがある。彼は、「自分にはまったく創価学会に対する信仰心がない」と言い切ったうえで、池田大作を「大ちゃん」と呼び、日々、創価学会の行事に参加する祖母のことをバカにする言葉を連発していた。

彼のようなパターンはいささか極端なのかもしれない。しかし、それでも筆者が会ってきた創価学会の信者家庭に生まれた2世、3世会員たちは、ほとんど熱心な信仰心など持っていなかった。もちろん、何となく「池田大作先生は偉い人」といったイメージを抱いている人はいたが、2世、3世の多くは実際に池田に会った経験があるわけでもない。あったとしても「幼稚園か小学生のころに親に連れられて会った」といった、おぼろげな記憶しかない。そのせいか、人生を投げ出す勢いで池田や組織のために尽くしたい、などといった人は極めてまれであった。

「エリート宗教2世教育」という誤算

創価学会に限らないが、実は日本の新宗教団体には、「立ち上げから間もないころは世間の無理解などもあって迫害も受けるだろうが、信者のなかに2世信者の割合が増えてくれば、組織は安定してまとまる」といった考えがかつて広く存在していた。どういうことかというと、信者家庭に生まれた2世を、キリスト教の幼児洗礼よろしく生後間もないころから入信させ、まだ頭の柔らかい子供のうちから教団の教義などの情報をシャワーのように浴びせていくことで、教義に対する知識が深く、また信仰上の情熱も非常にあつい、完璧かつ理想的な信者ができあがるというのである。

こうした完成された教団エリートを育てるため、日本の新宗教団体は自分たちの学校を熱心に設立していく。天理教の天理大学、立正佼成会の佼成学園高校、パーフェクトリバティー教団（PL教団）のPL学園高校などが、その代表例である。創価学会もまた1971年に創価大学を、池田大作を創立者として設立している。また、具体的な学校組織を持たなくとも、例えば世界平和統一家庭連合（旧統一教会）は原理研究会、生長の家は生長の家学生会全国総連合といった、一般の大学に進学した2世信者らを囲い込んでまとめる学生組織の設立、運営に注力した。

だが、結果としてはその目論見はもろくも崩れ去った。2022年7月、旧統一教会の信者家庭に育った奈良県在住の男が、元首相・安倍晋三を手製の銃で殺害した事件を契機に、世間で「宗教2世問題」が広く認知されたのだ。この男は、母親が旧統一教会に過剰な献金をするなどして家庭が崩壊したことから、教団を恨み、安倍が教団と近い存在だと思い込んだ末に事件を起こすに至ったと、一般に報道されている。無論、このような事件まで起こす例は極端としか言いようがない。しかし、単に何かの新宗教を信じる家庭に生まれたから、その子供は熱心な信者になるだろうといった考えは、実際にはかなり虫のいい希望的観測だったことを示した事件ではあった。

そもそも当の2世自身にとってみれば、生まれた直後から、自分で選んだわけでもない宗教に無理矢理入信させられるわけである。教団の教義で純粋培養するといっても、今の日本のような自由民主主義社会においては、山奥に監禁して育てるわけにもいかない。テレビも見ればインターネットもするし、近所の子供たちとも遊ぶ。ある程度自由に情報の選択ができる社会のなかで育つ過程において、2世としても「自分の家庭は一般社会とは何か違う」ということに気付き、親たちとは違って、教団を客観視する目が養われてくる。そこに親が無理矢理に矯正を加えようとすると、かえって2世は教団を恨むようにすらなる。安倍殺害後に注目されるようになった「宗教2世問題」とは、まさにそういった人権問題である。これが社会問題になること自体が、多くの宗教団体において「理想的教団エリートとしての2世育成」がうまくいっていないことの表れだろう。

学会に失望した芸人・長井秀和

長井秀和という人物がいる。2000年代前半に「間違いないっ!」というギャグで有名になったお笑い芸人だ。長井は創価学会の会員家庭に生まれた2世会員で、創価学会の教育機関である創価大学を卒業している。しかし、彼は学会側が望んだようなエリート2世にはまったくならなかった。例えばテレビの電波に乗らないお笑いライブの場などでは、露骨に池田大作や創価学会を茶化す話芸を行う芸人として、一部で有名だった。

そんな彼は2012年に創価学会を脱会した。また2022年の東京都・西東京市議会議員選挙に出馬して市議会議員となり、現在ではカルト宗教、宗教2世問題に取り組む政治家として活動している。

なぜ長井は創価学会を２０１２年というタイミングでやめたのか。それはその前年に起こった東日本大震災が一つのきっかけだったと、彼は季刊『宗教問題』40号の取材に応じて、以下のように語っている。

ああいった大きな災害に対して、創価学会はもちろん『弱い人たちを助ける』というスタンスを表向きは取るんですけど、実際に被災者の助けになることがどれほどできたかといえば、なんとも心もとなかった。このときに、創価学会という組織にも池田大作という人にも失望を深めたことが、退会の決断に影響しています。

（古川琢也「『間違いないっ！』の長井秀和が創価学会をやめて選挙に挑む理由」）

まさに創価学会に近い立ち位置にいるからこそ、その実態に気づき、教団に失望する場合もあるといった例である。

また、このように創価学会に批判的、敵対的な姿勢にはならずとも、無関心、不熱心といった態度で過ごす2世、3世となると、さらに多くいる。

１９７４年生まれの創価学会3世会員で、『創価学会員物語』の著書がある清水敏久は、季刊『宗教問題』28号に寄稿した「〝ごく普通の創価学会員〟が語る創価学会の衰退とその可能性」のなかで、次のように書いている。


「今度の選挙では公明党に投票してくれるんでしょうね」

「俺はもう大人なんだよ、お母さん。どこに投票するかは自分で決めるよ。自民党だろうが共産党だろうが俺の自由じゃないか」

「そんなこと言わないでちょうだい。バチが当たるから」

成人して以後、何度もくり返された会話だ。


清水は、創価学会に対する熱心な信仰心を持つ母親（故人）に辟易してきた過去をこう語るのだが、自身は創価学会を脱会してはおらず、両親の年忌法要のために、地域の創価学会の会館に通う程度のことはしているという。しかし、同時に清水は自身の信仰心について、「日常において自分が創価学会員であると意識することはあまりない」とし、そうした自分のような創価学会員こそを、「どこにでもいそうな普通の創価学会員」と規定するのである。つまり、こうした清水のような、「日々活発に活動するわけでもない創価学会員」（学会内部では「不活会員」「未活会員」などと呼ばれる）が、特に2世、3世会員の間では多数派でさえあるのが現状だ。

創価学会以外に目を転じても、例えば天理教を運営母体とする天理教校学園高等学校は2023年に閉校している。またPL教団が母体のPL学園高校では、甲子園優勝経験もある有名野球部が2016年に休部となった。2022年度の在校生は3学年全体でわずか75人で、ほとんど存亡の危機に近い状態に追い込まれている。これらは個々の背景事情もあるにせよ、多くの2世信者たちが教団の教えをまっすぐに信じて、それぞれの教育機関を理想の学び舎《や》として深く認識している状況であれば、まず起こりえない事態だ。

このように、日本の新宗教団体における親子間の信仰継承は、どの団体でも到底うまくいっているとは言いがたい。そして同様に、創価学会からも、若い活力が奪われているのである。

最強集票集団「婦人部」消滅は時代の趨勢か

さらに近年の創価学会の組織的活力が落ちている理由として挙げたいものに、「日本人の家庭環境の変化」がある。

過去、創価学会について特集するメディア報道のなかで、しばしば「婦人部」という組織が非常に大きなエネルギーを持っているとして注目されてきた。例えば「都議選公明『完勝』安倍改憲戦略への『創価学会婦人部』の影響力　自民震えた学会の力」(『AERA』2017年7月17日号)や、「公明党の右往左往で集票力は大幅低下　『学会婦人部』が怒りの声」(『週刊ダイヤモンド』2021年1月9日号)などといった記事が、その代表例だろう。そのほかにも『創価学会婦人部　最強集票軍団の解剖』(創価学会問題研究会著、五月書房、2001年刊)といった単行本が発行されたこともあるくらいだ。

婦人部とは、創価学会の会員のなかで、既婚女性たちをまとめたグループのことである。これは創価学会に限らないのだが、日本の新宗教団体は大抵どこでも、教団内の既婚女性グループを非常に重要視し、教団の各種活動の実働部隊として、便利に使ってきた事実がある。例えば、布教のために地域を歩き回る、教義内容を記したチラシをポスティングしていく、その教団が政治に関わっていれば選挙の時にポスターを地域に張っていく、また選挙事務所スタッフを務める。このような活動の担い手は、各教団の既婚女性グループ、さらに言えば、専業主婦をしている信者たちだったのである。つまり、専業主婦はサラリーマンをしている男性信者などに比べれば時間に融通がきき、平日の呼び出しなどにも対応できる。そのため、どこの宗教団体でもおおむね、日常活動の主な担い手は教団内の専業主婦たちであった。よって彼女たちの教団内での発言力も、それなりに強かった。

もっとも創価学会の場合、歴代の会長に女性はいないし、理事長や主任副会長といった現行体制の最高幹部層にも、女性は1人もいない。そういう意味では創価学会は古いタイプの男性型組織である。しかし、池田大作を始め、最高幹部層は常にこの教団内の専業主婦たちに気をつかい続けてきた。

その姿勢が典型的に表れたのが、2023年11月23日に行われた、池田大作の「創価学会葬」だった。同24日付の『聖教新聞』の記事によると、この葬儀であいさつに立ったのは、会長の原田稔、主任副会長の池田博正（池田大作の長男）、そして女性部長の永石貴美子（「女性部」とは婦人部の後継組織、詳しくは後述）の3人だった。原田と池田博正はともかく、創価学会にはほかにも最高幹部の面々がいるにもかかわらず、彼らを押さえての永石の登壇だった。ここにも創価学会の女性組織重視が見えてくる。

ところが、である。その創価学会の最強軍団などと呼ばれていた婦人部は、2021年に未婚女性のグループ・女子部と合併し、新たに「女性部」という名前になって消滅してしまった。「創価学会婦人部」は、前述したように外部のマスコミにもその動向がたびたび注目される、学会のブランド的な部署であった。その割に、その終幕はあまりにもあっさり訪れた。

創価学会はこの婦人部の廃止・統合に関し、それが何の目的をもって行われたものであったのか、特に詳しい事情説明をしているわけではない。ただ、当時筆者がさまざまな創価学会員らに取材して多々耳にしたのは、このころには婦人部の内実が、かつてに比べて大きく変わってしまったからだという説明だった。

すでに述べたように、婦人部とは実質的には「専業主婦の軍団」であった。ところが現在、専業主婦が日本社会において急減している。

例えば、総務省のまとめた「労働力調査」によれば、公明党が衆院選で最も多くの比例票を集めた2005年当時、日本の「専業主婦世帯」は863万世帯だった。対して「共働き世帯」は988万世帯という数だ。1対1・14である。しかし、2010年には797万世帯と1012万世帯で1対1・27、2015年には692万世帯と1120万世帯で1対1・62、2020年には574万世帯と1247万世帯で1対2・17という数字に変化していく。創価学会員とて、多くは普通の日本の市民である。こうした社会全体の流れと無縁ではいられない。つまり、現在では創価学会の女性会員たちも、結婚したからといって当然のように専業主婦にはならない。少なくない割合が働き続けるのである。

筆者はこの婦人部がなくなった前後に、ある40代の女性創価学会員に取材した際、こんなことを言われた。

「婦人部の消滅にはせいせいしました。私は大学卒業以降、結婚してもずっと働いているんですが、古参の婦人部の人たちは、私のような存在に非常に厳しいんです。『私たちは専業主婦として、自由になる時間をすべて池田先生に捧げてがんばってきたのに、今の若い人たちはすぐ外に働きに出てしまう。そんなにお金が欲しいのか。信心が足りないんじゃないのか』などと……。そういう時代ではもうないと思うんですが。ただでさえ創価学会員の家に生まれた2世として、お付き合い程度に学会員をやっているだけなのに、本当にうっとうしい話です」

婦人部内ではこうした古参の専業主婦と若い世代の女性たちの対立が生まれており、その緩和のために女子部と合併させて、「婦人部」の看板をなくしてしまったのではないか、という観測を語る関係者が当時複数いた。この見立てが正しいかどうかはわからないが、なるほどとは思わされた。

「専業主婦」が激減している状況は、創価学会のみならず、多くの日本の新宗教団体の足腰を弱らせている。

日本の新宗教団体が抱く家族観

専業主婦を組織運動の実働メンバーとして重宝し、2世を純粋培養の教団エリートとして育てていこうとした多くの日本の新宗教団体の家族観は、いきおい家父長主義的というか、アニメ『サザエさん』に出てくるような古臭い家庭のイメージを信者たちに推奨することとなった。

例えば旧統一教会は、その現在の正式名称が「世界平和統一家庭連合」であるし、幸福の科学は「家庭ユートピア」なる概念を唱え、信者たちに「親子が調和し、仏法真理を学びながら生きている家庭からは、光が出ているのです」（教団公式サイトより）などと説いている。創価学会も「学会永遠の五指針」なるものを会員たちに示しており、その筆頭に来るのが「一家和楽の信心」である。その意味合いについて、創価学会の公式サイトは以下のようにつづっている。

家庭こそ、私たちの生活の基盤です。仲良き家族、安穏な家庭を築いていくなかに、私たち一人一人の幸福の実現もあります。そしてまた、そうした家庭を築くことが、地域と社会、さらには世界の平和と繁栄にもつながっていきます。

しかし、善し悪しはともかくとして、こうした家族観を21世紀の現在でも信者たちに示しているこれらの教団には、間違いなく古いイメージはまとわりつくだろう。ある意味でのあっけらかんとした家族礼賛からは、孤独な単身者世帯の増加や、生活に追われるシングルマザーの苦悩、さらには後期高齢者のみで構成される世帯の介護問題といった視点は、ほとんど欠落しているようにしか思えない。ただ、「家族」という概念に対してこうした価値観からなかなか脱することができていないのが日本の新宗教であり、創価学会もまたその例に漏れないのだ。これでは組織が衰退していくのも、ある意味では当然であろう。

穏健化がもたらした「地域社会への浸透作戦」

もちろん、創価学会としても現状にまったく無為無策でいるわけでもない。キーワードになるのは、「穏健化」と「地域コミュニティへの浸透」である。

日本共産党の機関紙『しんぶん赤旗』は2003年2月5日、「創価学会が〝住民組織握れ〟」と題した、こんな記事を載せている。

町内会やPTAの役員になろう――創価学会がこんな〝運動〟を展開しています。名づけて「地域友好」。役員就任のすすめとも言うべき部内文書もあります。

『今後の地域部のあり方』。

創価学会の地域本部が作成した、総県長会議資料です。（中略）

同文書は「地域部員は以下の地域役職を有する人で、圏（区）地域部長が認定した人」とし、町会・自治会、商店会、老人会、PTAの三役クラス、民生委員・保護司・家裁調停委員、消防団、青少年・交通安全・体育各委員をそれぞれ「地光会」「盛光会」など七つの専門部会に配置。その「体験・取り組み・工夫を交換・共有」して「メンバーの育成に資する」としています。

また、地域本部に「マンション委員会」（管理組合理事やマンション管理士を掌握）と「福祉委員会」（介護福祉士など有資格者を掌握）の設置を指示しています。

学会がこれに力を入れ出したのは公明党の政権入り（九九年）ころから。『聖教新聞』で民生委員などをつとめる会員を紹介。最近は団地自治会やPTAの役員選挙にいっせいに立候補するという例が各地で目立っています。

学会元職員はこれを「住民の情報はもちろん、選挙では相手陣営の動静を逐一報告する。地域に張りめぐらせた情報集中システムであり、住民組織をこの手に握れという学会の〝天下取り〟戦略だ」と言います。

共産党は長年にわたって創価学会と敵対関係にある団体のため、創価学会の地域コミュニティへの浸透策を、いかにも悪だくみといった調子で報じている。しかし、「宗教団体・創価学会」としての数的拡大が頭打ち状況になってきたなかで、組織をより引き締めること、さらには公明党の選挙運動をさらに活性化させることなどを念頭に置いた、現実的な施策だと評価することも、またできよう。

ただ、地域への浸透作戦を進めていく際にネックになるのが、創価学会がもともと持つ排他性、攻撃性だ。日蓮正宗ゆずりの、「自分たちの宗教以外はすべて邪宗、邪教」といった価値観が創価学会のなかには確かに存在する。またそうした過激さがあったがゆえに、ここまで巨大な教団になることもできたのだ。戸田城聖が始めた大規模な布教推進行動、折伏大行進のなかで用いられていた布教マニュアル『折伏経典』のなかには、他教団の批判のみならず、無宗教者に対しても、こんな記述がある。

宗教を価値の獲得の根元と知れば、無関心でいられないはずで、従ってより高い価値に関心をもつ人を文化人といい、高い価値を求めない者ほど野蕃人《やばんじん》といえるのである。

真の仏は最大の広さと時間的長さをもつ価値について説かれるのであるから、これに対して無関心であることは、自らその低さを感じ、文化人でない証拠であり、又無智で野蕃人であることを恥ずべきである。

このような価値観と現実との折り合いをつけないと、さまざまな信仰を持つ人々がいる地域社会への浸透などおぼつかないとは思うのだが、どうなのだろうか。

しかしながら、現状で筆者が取材などを重ねている限りにおいて、現在の創価学会員たちの多くから、そうした過激さはほとんど感じられなくなっている印象がある。

例えば近年、創価学会員によるかつてのような過激な折伏は、ほとんど行われていない。そもそも2005年以降、「公称827万世帯」から創価学会による会員数の増減発表はないが、そもそもこの辺りが布教の限界、飽和点だという認識はあるらしい。また、特に都市部などでは入口にオートロックのゲートがあるタワーマンションの普及などによって、昔ながらの戸別訪問による布教が成立しなくなっている。これは創価学会に限らず、宗教団体全般が抱える課題だ。かつ、現在の創価学会の組織としての高齢化、活力低下は著しい。筆者はある古参学会員から、「激しい折伏など、今の学会員の大半は体力的な問題で、やりたくてもできない」と冗談めかして言われたことがある。それは、一つの真実ではあるのかもしれない。

さらには1970年代以降、創価学会は外部の宗教団体よりも、本来は身内だった日蓮正宗とのギクシャク感が強まり、「外に向かっての攻撃性」が結果的に弱まった。また、明文化された教義体系への影響はともかく、1990年代に日蓮正宗から破門され、また自民党との連立を組んだことで、創価学会の活動は明らかに「宗教」より「政治」にウェイトが置かれることになった。宗教学者の島田裕巳は著書『創価学会』のなかで、こう書く。

創価学会においては、唱題（引用者注・「南無妙法蓮華経」と唱えること）をのぞいて、ほかに宗教的な行為はほとんど実践されていない。もともと儀礼的な要素は希薄だったが、日蓮正宗と決別したことで、その傾向に拍車がかかった。座談会などの会合にしても、宗教的な要素はほとんど見られない。おそらく、創価学会の内部における世俗化の傾向はさらに進んでいくであろうし、それに対する歯止めは、今のところ存在しない。

社会学者の玉野和志は、1999年の自公連立の成立が、創価学会を結果的に穏健化したとする立場をとり、著書『創価学会の研究』でこう言う。

それ（引用者注・自公連立の成立）以降、選挙協力などもあってか、創価学会員が地域社会の中に急激に組み込まれてきている。いざ垣根が取り払われてしまうと、学会員のフットワークの軽さは、高齢化し慢性的な人手不足の状況にあった自治会・町内会にとっては、きわめて好都合な部分がある。つまり創価学会の会員が改めて町内会などに参入することで、衰えかけた地域の住民組織が活性化されるという現象が起こっているのである。

「邪教」に溶け込む学会員

先に、現在の創価学会員の実数は、おおむね２００万〜４００万人くらいではないかと書いた。しかし、衰えたといえども現在公明党は、国政選挙になれば全国から６００万〜７００万程度の比例票を集める。この差を埋めるものが何かというと、創価学会員が、学会員ではない友人、知人などに頼んで公明党に入れてもらう、「フレンド票（Ｆ票）」と呼ばれる票だ。そのＦ票を集める作業を「Ｆ取り」と呼び、よく「選挙の前になると、創価学会員の友人から投票依頼の電話がかかってくる」などと言われる、あの行動である。

ただし、創価学会も会員の高齢化、活力低下により、Ｆ取りの実績は明らかに下がっていて、それが公明党の獲得票数に如実に表れている。そのために新たな票田として創価学会がターゲットにしているのが、町内会などの地域コミュニティへの浸透であり、結果としてそういう行動が、創価学会の穏健化をより促進しているのだ。

また、多くの地域の町内会は、地域の神社の氏子組織と同一である例が多いが、近年、神社界関係者などと話をすると、「大きな声では言えないが、もう地域の創価学会員の助けがないと、まともにお祭りが行えなくなった」といった実情を聞くことが多くなった。

かつての創価学会は自分たちの宗教以外を邪宗、邪教視したため、例えば修学旅行や社員旅行に行った創価学会員が、観光地の神社の鳥居を頑なにくぐらない、などといった話もあったものだ。しかし、どうやらそれも過去の話になりつつあるらしい。

保守系市民団体・日本会議は、生長の家をその源流の一つとする組織で、また神社本庁や崇教真光や霊友会といった保守系の宗教団体が多数参画する、ある意味で創価学会にとっては〝邪教の総本山〟のようなおもむきさえある団体である。ところが、そんな日本会議の機関誌『日本の息吹』2024年1月号には、コラムニストの彌吉博幸が「戦歿者を追悼し神社を支える自治会（町内会）の役割を再認識しよう！」という記事を寄せて、次のような非常に興味深いことを書いているのだ。

自分のいる自治会の副会長は創価学会の人です。創価学会では神社への初詣も禁止です。しかしこの副会長は、「お祭り当日は参加しませんけど、準備はしますよ」と言って神社の掃除などを手伝ってくれます。

なお筆者は、「自分はもう、近所の神社の氏子組織の中心メンバーになって、お祭りのお神輿も担いでいる」と語る創価学会員に会ったことがある。最近の創価学会員の神社への接近は、このように日本会議が機関誌で肯定的に取り上げるレベルにまでなっているのだ。

しかしこうなると、やはり「宗教団体・創価学会」として、きちんと教義の再構築をする必要性があるのではないか。現場の会員レベルの意識はともかくとして、創価学会の精神面、すなわち教義のあり方は、今なお日蓮正宗教学に大きく依存している。日蓮本仏論、日興だけを日蓮の正統後継者とする考え方、また中途半端につながったままの板曼荼羅崇拝など、創価学会にはまだ日蓮正宗的な過激な宗教性が確かに残っている。無論、それはもう会員たちの現場活動の世界には、ほとんど何の影響もおよぼさなくなっている。しかし、このまま創価学会が地域コミュニティへの浸透路線を続けていくのであれば、神社などの地域の側が、いずれ大きくそれを問題視する可能性は残されている。

「池田原理主義」と公明党の相克

本書では最後にもう一つ、今後の創価学会の課題として、晩年の池田大作の長期不在によって生まれ、かつ池田の死によって増幅されつつあるかのように見える、創価学会内の

「池田原理主義」について触れたい。

2012年から2020年まで続いた第2次安倍晋三政権が、2015年に成立させた安保法制は、リベラル派などから「戦争法案だ」などといった批判を多々浴び、その審議過程のなかでは、国会前に数万人規模のデモ隊が詰めかけるなどの騒ぎに発展した。そして、そうした「反安保法制デモ」のなかに、いくらかの創価学会員が加わっていたという報道が、当時複数なされていた。

公明党はこの安保法制に「新三要件」などの「歯止めになる施策」を加えたとしているものの、基本的には与党の一員として、安保法制の成立に尽力した立場だ。ではなぜ、創価学会員がこの安保法制に反対するのか。そうした疑問点に立脚した、リベラル・メディアによる報道が多かった。

例えば『週刊朝日』2015年8月14日号は「『参院選で自民、公明は応援しない』安保法制反対のデモに創価学会の三色旗」という記事を掲載し、こう書いている。

日増しに勢いを増す「安保法制反対」の国会デモ行進の渦。その中に創価学会のシンボル「三色旗」が掲げられていることをご存じだろうか。「平和の党」でありながら、安倍自民党に屈服した公明党への怒りが学会員の間で鬱積。そのマグマはやがて安倍首相をも直撃するのか。

そして、同年7月31日の国会前でのデモに参加したという神奈川県在住の30代の創価学会員の声として、以下のようにつづる。

「今の公明党は自民党の子分みたいになってしまった。平和の党として言うべきことを言ってほしいと、デモに参加しました。私の周りにも、学会本部に投書をするなど同じ考えの人が出てきている。今はバラバラの点と点ですが、デモをきっかけにして線や面になっていければと思います」

さらに同記事は、同じく安保法制に疑問を持つ愛知県在住の創価学会員・天野達志の声を、次のように紹介している。

「（前略）私も組織を惑わせたくはなく悩ましいですが、池田大作名誉会長らの教えに倣って『戦争をするのは違う』と声を上げたいという思いが根本にあります」

つまり、公明党とは「平和の党」であり、その平和主義は池田大作が唱えたものであるため、公明党が安倍政権の方針に引きずられて、安保法制に賛成するのはおかしいとする主張である。

当時、こうした考えに立って安倍政権批判を繰り広げる創価学会員が全国に複数現れ、さまざまなメディアも彼らの主張を報じた。そうした動きのなかで「安全保障関連法に反対する創価大学・創価女子短期大学関係者　有志の会」という団体が立ち上げられた。彼らは自分たちのサイトで、以下のような声明を発している。

現在、9割の憲法学者が「違憲」と判断している安全保障関連法案が、安倍政権により採決されようしています（引用者注・原文ママ）。私たちはガンジー、キングの人権闘争の流れに連なる創立者・池田大作先生の人間主義思想を社会に実現すべく学び続けてきました。そこで培った人権意識を持つ者なら、声を上げるべき時は、今です。

私たち関係者有志は、創立者・池田大作先生の理念を我が人生の根幹に据え、安全保障関連法案への「反対」を表明します。

つまり彼らもまた、「池田先生の平和主義」に則せば、公明党が安保法制の成立に向けて動くことはおかしいと主張したわけだ。この当時、すでに池田は公の場に姿を現さなくなっていたが、「もし池田先生が今でも元気でいれば、公明党がこんな態度をとるはずはない」というのが、これら「安保法制の成立に反対する創価学会員」たちの共通した主張だった。

こうした動きは最終的に、２０１９年の参議院議員選挙で、沖縄県在住の創価学会員・野原善正が、「今の公明党はおかしい」と言って、公明党代表・山口那津男の選挙区である東京選挙区から、れいわ新選組の所属として出馬する状況にまでつながった（結果は落選）。外部から見ていると、近年のなかで公明党が最も揺れた事件だった。

ただし、創価学会は「安保法制の成立に反対する創価学会員」たちに厳しく対応した。天野も野原も、現在では除名処分を受けて、創価学会員ではない。筆者が当時取材したある創価学会幹部は、「彼らは共産党に利用されている」などとこき下ろし、「左翼のマスコミが面白がって大きく取り上げているが、あんな活動をしている創価学会員は、実際のところ全国に30人くらいしかいない」と息まいていた。

本当にそういう思いを抱いている創価学会員が30人くらいしかいなかったのか否かは別として、確かに「創価学会員による反安保法制運動」は、創価学会の大勢には影響を与えなかった。何より2014年12月14日に行われた衆議院議員選挙は、この安保法制を成立させる前提として、同年7月1日に憲法解釈変更が閣議決定された後に行われたもので、ある意味では「安保法制をどう思うか」を国民に問う選挙であった。そして、自公はこの選挙で議席数の3分の2を維持する勝利を収めたのだが、このとき公明党は比例票731万票を獲得した。その前の2012年の衆院選で集めた711万票より、票を伸ばしたのである。これは最近の公明党が戦った選挙のなかでは、珍しい現象だった。つまり、「安保法制の成立に反対する創価学会員」たちは確かに学会内の多数派とはいえず、またその主張も大方の学会員たちの心には、ほとんど響かなかったことを意味している。

「選挙と政治は別」というメンタリティ

創価学会のなかには、「創価学会員は選挙には関心を持つが、政治には関心を持たない」という矛盾を抱えた層がぶ厚く存在する。戸田城聖は創価学会を政治に関わらせるなかで、選挙を通じて「支部がピーンとしまってくる。選挙は、支部や学会の信心をしめるために使える」という効果を発見した。そして、特に創価学会の拡大期に入会した古参会員たちは、宗教的関心よりも「経済的理由」や「身体的理由」で学会員となった、社会の低層に位置する人々だった。そういう人々が現在でも、特に創価学会の活動に熱意を持たない2世や3世を尻目に、創価学会の活動のなかでリーダー的な地位を占めている現実がある。

地方選挙なども含めれば日本人は大抵、年に一度くらいは選挙を経験する。創価学会の熱心な古参信者たちとは、選挙をまさに組織を盛り上げるための「年に一度のお祭り」のごとく見立て、ある種のゲーム的にF取りなどに熱中し、その選挙戦の勝利を喜んでいる。しかし、実際にその選挙でどういう政策論争が戦わされているかについては、さして関心を示さないのだ。

創価学会のなかで近年、こうしたあり方が非常に悪く作用した例として語られているのが、２０２０年に行われた、大阪都構想の賛否を問う住民投票だった。

大阪府と大阪市を一体化させ、「二重行政の弊害」を取り払うとして、大阪維新の会が目指した大阪都構想は、最初の住民投票が２０１５年に行われて、否決という結果に終わっていた。しかし維新は２０２０年に2度目の住民投票にこぎつけ、このとき、１回目の住民投票では反対に回っていた大阪の公明党の支持を取り付ける。「公明党が維新についた」という事実をもって、「2度目の住民投票は賛成多数となるだろう」との見立てをする識者なども多かったのだが、結果はギリギリの票差で、1回目と同様否決された。出口調査の結果によると、公明党支持者の票はほぼ半々の形で賛否双方に割れており、これをもって「公明党の裏切りだ！」と怒る維新関係者も、当時いたらしい。

しかし、このころ筆者が取材したある創価学会幹部は、苦り切った表情で「維新を裏切る意思などなかった」とし、以下のようなことを語っていた。

「創価学会、公明党としては大阪の支持者らに、きちんと『大阪都構想に賛成しよう』と訴えていた。しかし、具体的にどういう形で運動を進めればいいのかということが、ほとんどわからなかった。これまでのわれわれの選挙とは、出馬する候補を指して『彼らも同じ池田先生の弟子で、とにかくいい人だから応援していこう！』といったやり方ばかり。具体的な政策の評価を考えていこうなどという話はしたこともない。だから『創価学会員、公明党員として大阪都構想をこう考えよう』という議論が投票に至るまで深まらず、『大阪の人間』としての判断で、一般の人たちと同様、票がフィフティー・フィフティーに分かれた」

これをすべて鵜呑みにしていいものかどうかはわからないが、従来から言われてきた「創価学会員は選挙には関心を持つが、政治には関心を持たない」という話とは確かに合致する意見で、一定の説得力はある。これが「創価学会員たちの選挙へのかかわり方」の現実で、だからこそ「安保法制の成立に反対する創価学会員」たちの行動は、実際に公明党へ集まる票には、大した影響を与えなかったのである。

しかしそれでも、世間に向かって戦争放棄、憲法9条擁護といった言説を振りまき続け、物言わぬ十数年を経てから死去した池田大作は、「池田先生は、（実際の創価学会や公明党の姿勢に比べて）本当はこのようなお考えを持っておられるはずだ」といった解釈の幅を創価学会員たちに与える、すき間のようなものを生じさせた。これが、少数とはいえ安保法制に反対した「池田原理主義者」とでも呼ぶべき人々を、創価学会の内部攪乱要素として生んでしまった背景なのだ。

ただ、創価学会、公明党執行部としても、その遺された「池田平和思想」を、何の遠慮もなく飛び越えられているわけではない。例えば安保法制にも、新三要件のような条件闘争を経なければ、公明党は自民党と歩調を合わせられなかった。また、いま自民党が進めようとしている憲法改正などの議論でも、公明党は決して唯々諾々と従っているわけではない。例えば2023年9月24日、自民党副総裁の麻生太郎が、国家安保戦略改定に向けた議論についての講演を行ったなかで、それに専守防衛の立場から反対した公明党を「がんだった」などと批判している。

また、池田の死後である2023年12月、防衛装備品の輸出規制緩和に向けた自民、公明両党の実務者協議において、突然公明党が「慎重であるべきだ」などと言い出し、自民側が「ちゃぶ台返し」だと不快感を表明しているとの報道も出た（『産経新聞』2023年12月2日付）。これについては池田の死去を受けて、公明党が「学会が精神的支柱を失って混乱する中、大きな方針決定はできない」からだと関係者が述べる記事（『東京新聞』2023年12月2日付）が出ている状況だ。創価学会、公明党執行部とて、「池田原理主義」とはまったく無縁ではいられないのだ。

しかし大変皮肉なことなのだが、池田大作本人は特に晩年、こうした「池田原理主義」から脱しつつあった状況があり、これは今の創価学会関係者――教団執行部でも、それに反発する一部学会員でも――にとっての、ある種の不都合な真実になりつつある。

どういうことかというと、例えば自公連立成立後の2001年9月25日、池田は毎日新聞のインタビューで、憲法問題に関し「私は絶対に第9条だけは変えてはいけないと思います」としながらも、「その他は、やむを得ない場合があるかもしれないが」などと発言している。続けて聞き手の毎日新聞特別顧問・岩見隆夫に「憲法を見直すこと自体はいいと」と問われ、「その通りです。議論は結構だ」と答えているのである。

これは「私は、改憲論者ではなく、あくまで民主的な平和憲法を擁護する立場にたっています」（1975年に発行された池田と松下幸之助の対談集『人生問答』）とか、「一部の人々がいうように、国際政治の現実に憲法を合わせるなどという改憲路線より、憲法の理念を現実の国際政治の中で積極的に生かす方途を求めるのが日本の使命でありましょう」（1986年1月26日に発表された池田の『SGIの日』記念提言」）といった、過去の池田の護憲論に照らすと明らかに後退している。

また2003年から始まった自衛隊のイラク派遣の是非が議論されていた時期に際して池田は、「軍事力を全否定するということは、一個の人間の『心情倫理』（マックス・ウェーバー）としてならまだしも、政治の場でのオプション＝『責任倫理』（同）としては、必ずしも現実的とはいえないでしょう」（2003年1月26日に発表された池田の『SGIの日』記念提言」）などと発言した。自衛隊のイラク派遣を事実上容認し、公明党も国会の場でその方針のもと、自民党に同調している。

いずれも、自公連立というものが成立した後の現実路線的変節とでも言いえるものかと思うが、ともかく実際の池田自身は、このように決して〝原理主義的平和論者〟ではなかった。歴史に〝もしも〟はないものの、仮に池田が2010年以降も公の場から姿を消すことがなく、死去まで健康を保っていたとしたら、安保法制が議論されている時期に「集団的自衛権は評価すべき考え方だ」といった発言さえしていた可能性もあると、筆者は思う。

「池田平和主義」は憲法改正にどう向き合うのか？

ただし、現在の創価学会、公明党の内部に、生前の池田が残した大方針をドラスティックに変えることができそうな後継者的人材は見出せない。なぜならば創価学会とは、宗教団体でありながら、「神秘的な宗教パワー」で動かされてきたわけではなく、池田大作という圧倒的な「現世利益」と「数字」を引っ張ってきた、「剛腕の実務者」が取り回してきた団体だからだ。具体的に何人に折伏（布教）したのか、『聖教新聞』などの機関紙類をどれだけ拡販したのか、そして公明党の議席をいくつ増やしたのか。「池田先生の偉業」

とは、基本的にそうした具体的数字に結びついている。ゆえに池田の地位とは、誰かの息子であるからとか、有名な大学を出ているからといったような人間には、受け継ぐことができない。

池田自身は「何のとりえもない庶民出身の指導者」という自己イメージを最大に活用しながら創価学会に君臨してきた人物だが、一方で現在の創価学会、公明党の最高幹部たち、例えば創価学会会長の原田稔、同主任副会長の谷川佳樹、公明党代表の山口那津男といった面々は、全員東京大学卒業のエリートである。無論、創価学会という日本最大の新宗教団体を特に事務面で支えていくためには、そういうエリート会員たちを教団官僚に取り立てて、運営していくしかなかったのだろう。しかし、結果として創価学会の中枢は、池田という たった一人の庶民的カリスマを、大量のエリート官僚が支えるという形になり、ますます池田の後継者など現れようもない状況に陥っていった。ゆえに創価学会は、池田大作のカリスマ性に頼り切った運営を、彼が公の場から消えたのちにも続けざるをえず、だからこそ彼は、生前においてすでに「永遠の師匠」の地位に上ったのだ。

また、よくも悪くも、「選挙には関心を持つが、政治には関心を持たない」、世の大半の創価学会員たちは、今なお池田のカリスマ性にはノスタルジックに追随するが、何かの理論を明確に示されて行動を変える人たちではない。これが何を意味するかというと、例えば憲法改正について今後、自民党と公明党がそれなりの議論を経て何かの合意に達する日が来たとしても、その憲法改正に必要な国民投票の場で、大阪都構想の住民投票と同じような番狂わせが起こってしまう可能性があるということだ。そうなった場合、果たして自民党は公明党という政党を、どのように評価するのであろうか。

そういう形でいま、創価学会、公明党の目の前には、極めて慎重な取り扱いを要する、巨大な「池田大作の遺したもの」が、横たわっているのである。

おわりに

「昔は池田大作といったら、特に創価学会員でもない子供でも、その名前を知っていた。しかし、今では本当に池田先生の知名度は下がる一方です。もう創価学会員でもない若い世代などは、池田大作といわれても具体的にどういう人なのか、よくわからないと思いますよ」

池田大作が公の場から姿を消して随分と時間が経ったころ、筆者はある古参の創価学会員から、そんなことを言われたことがある。

それは確かにそうだろう。何しろ池田という人物は2010年以降、具体的にどこにいて、何をしていて、いかなる心身の状態にあるのか、情報はほとんど一般に出回っていなかった。いかに過去の栄光が絶大だからといって、姿も見えなければ声も聞こえてこず、それどころか定期的に「死亡説」が持ち上がっていた人物の知名度が、長く保たれるはずはない。しかも、今では「創価学会員でもない若い世代」どころか、創価学会員であっても、2世や3世会員といった若年層のなかには、池田を「大ちゃん」などと茶化して呼ぶ人々が少なからず存在する。

創価学会という宗教の内実が本当に〝池田教〟だったのか否かはともかく、創価学会が池田大作という個人の絶大なリーダーシップのもとに存在した団体だったことは疑いようがない。よって、池田の死を待たずして、池田の引退の前後から明らかに創価学会の組織的退潮は始まっており、それは公明党の得票数低下などの形になって、露骨なまでに表れている。そして、創価学会執行部の側としても、ただそれに手をこまねいていたわけではなく、さまざまな組織改革などを通じて、状況に対処しようとしてもきた（残念ながら、あまり功を奏しているようにも見えないが）。

そういう意味で、池田の死の何年も前から、創価学会は実質的にポスト池田体制に移行していた。もちろん現状で、創価学会の今後に明るい材料はほとんど何もないわけであるが、一方で池田が死去したからといって、堰《せき》を切ったように組織が瓦解していくような状況でもない。

池田の死去が広く世間に伝わって以降、創価学会に肯定的、否定的にかかわらず、ともかく池田大作という人物に何らかの思いを持っていた人々の多くから、筆者は「意外にマスコミなどで（池田の死が）大々的に扱われるわけでもないんだな」といった、拍子抜けの感情を伴った声を聞いた。もっともメディアの側から見ても、池田の死そのものに、取り立てて書くべきようなネタが付随していなかったというのが、正直なところなのではないだろうか。

だからと言って、この令和、21世紀の日本において、池田大作の死は、まったく取るに足らない事柄でしかないのかというと、それも違うだろう。創価学会は日本最大の新宗教団体であり、特にその事実上の政治部門である公明党は、一時は全国から900万近い比例票を集めていた組織であった。そして、同党は現在も政権与党の一角を占めていて、日本の政治に実質的な影響力をおよぼしている。しかも、創価学会とは戦前から存在したものの、終戦後に事実上ゼロから歩み始めた団体である。つまり、かなりの短期間で、少なくとも数百万単位の人々を惹きつけて信者にし、日本の政治を現実的に動かすまで成長したのが創価学会という宗教だったのだ。評価はともかく、これだけでも〝すごいこと〟ではあろう。よく言われる「日本人は基本的に宗教に関心がなく、国全体としても無宗教性が強い」などといった言説へ再考をうながすにも十分な事実だ。こうしたことからも、創価学会なる組織はいったい何だったのかということを、その指導者だった池田大作の死をきっかけに考える価値は、大いにあるといえるだろう。

本書は、創価学会、池田大作の存在感と知名度が、結果としてかつてより相対的に低下しているであろう社会状況のなかにおいて、その池田の死をきっかけに、創価学会について考えてみたい、その情報を知りたいと思う読者に向けて、書かれたものである。もちろん、創価学会および池田大作は本当に巨大な存在であって、網羅できなかったエピソードなども大量にある。ただ、読者が本書をある意味の入口、踏み台として、より詳しく創価学会に、すなわち戦後日本における宗教界のありようというものに、深い関心を持っていただけるようなことがあれば、筆者としてそれにまさる喜びはない。

本書の刊行にあたっては、文藝春秋の西本幸恒氏、織田甫氏に大変お世話になった。心からの感謝を述べたい。また、本書の本文中に登場する人物の敬称については、原則として省略させていただいた。

2024年1月　著者

小川寛大（おがわ かんだい）

1979年熊本県生まれ。早稲田大学政治経済学部卒。宗教業界紙「中外日報」記者を経て、2014年宗教専門誌「宗教問題」編集委員、2015年同誌編集長に就任。著書に『南北戦争　アメリカを二つに裂いた内戦』（中央公論新社）、『創価学会は復活する⁉ 時代に取り残される新宗教』（共著、ビジネス社）など。

文春新書

1450

池田《いけだ》大作《だいさく》と創価《そうか》学会《がっかい》

カリスマ亡《な》き後《あと》の巨大《きょだい》宗教《しゅうきょう》のゆくえ

2024年2月20日　第1刷発行

著　者　小　川　寛　大

発行者　大　松　芳　男

発行所　株式会社　文　藝　春　秋

〒102-8008　東京都千代田区紀尾井町3-23

電話（03）3265-1211（代表）

印刷所　理　想　社

付物印刷　大　日　本　印　刷

製本所　大　口　製　本

定価はカバーに表示してあります。

万一、落丁・乱丁の場合は小社製作部宛お送り下さい。

送料小社負担でお取替え致します。

ISBN978-4-16-661450-9

文春新書のロングセラー

磯田道史
徳川家康　弱者の戦略
人質、信長との同盟、信玄との対決……次々に襲う試練から家康は何を学んで天下を取ったのか――。第一人者が語り尽くす「学ぶ人家康」

1389

エマニュエル・トッド　大野　舞訳
第三次世界大戦はもう始まっている
ウクライナを武装化してロシアと戦う米国によって、この危機は「世界大戦化」している。各国の思惑と誤算から戦争の帰趨を考える
1367

樹木希林
一切なりゆき
樹木希林のことば
二〇一八年、惜しくも世を去った名女優が語り尽くした生と死、家族、女と男……。ユーモアと洞察に満ちた希林流生き方のエッセンス
1194

牧田善二
糖質中毒
痩せられない本当の理由
どうして人は太ってしまい、またなぜ痩せられないのか。それは脳が糖質に侵された中毒だから。そこから脱却する最終的方法を伝授！
1349

堤　未果
ルポ　食が壊れる
私たちは何を食べさせられるのか？
人工肉からワクチンレタスまで、フードテックの裏側で何が起こっているのか？「食と農」の危機を暴き、未来への道筋を示す本
1385

文藝春秋刊